보혈의 능력

맥스웰 화이트 저
엄성옥 역

보혈의 능력
The Power of the Blood

초판 발행:1991년 12월
지은이: 마카리우스
옮긴이: 엄성옥
발행처: 은성출판사
등록: 1974년 12월 9일 제9-66호

ⓒ 1991년 은성출판사
주소: 서울시 강동구 성내로3길 16, 은성빌딩 3층
전화:(02) 477-4404
팩스:(02) 477-4405
Homepage: www.eunsungpub.co.kr

한국어판에 대한 출판 및 판매에 관한 모든 권한은 본 출판사가 소유하고 있습니다.
출판사의 사전 서면 허락 없이 번역, 재 제작, 인용, 촬영, 녹음 등을 할 수 없음을 알려 드립니다.

ISBN: 89-7236-011-2 33230
Printed in Korea

The Power of the Blood

H. A. Maxwell Whyte

차례

서문

머리말

제1장 피 속에 있는 생명

제2장 피에 의한 속죄

제3장 예수의 피는 말한다

제4장 유월절

제5장 붉은 줄

제6장 예수의 피의 가치

제7장 예수의 피로 간구하는 법

제8장 예수의 피의 사용법

제9장 예수의 피로 말미암는 보호

서문

1959년에 『보혈의 능력』이 출판된 이후로 많은 교회들이 신약에 깊은 관심을 갖게 되었다. 또 하나님께서는 자신이 종파나 사람들을 차별하시지 않는 분이라는 것을 나타내고 계시다. 이러한 신앙 부흥 기간 동안에 제자리를 찾은 위대한 진리 중 하나가 예수의 보혈의 능력에 대한 것이다.

저자가 보혈의 메시지를 전하는 모든 곳에서 사람들은 그 메시지를 기쁨으로 받아들였으며, 그로 인하여 많은 사람들이 병나음을 얻고 성령 충만을 받았다. 하나님께서는 도처에서 "예수의 보혈로 간구"해야만 한다고 기독교인들에게 계시해 주시는 것 같이 보였다.

H. A. 맥스웰 화이트

머리말

나는 이 책을 읽으면서 큰 기쁨을 느꼈으며, 또 저자로부터 머리말을 써달라는 요청을 받게 된 것을 무한한 영광으로 생각한다.

하나님의 성령이 임하는 일은 전적으로 기도회와 더불어 시작된다. 1907년 영국 제도(諸島)에는 그러한 기도 모임이 두 개가 있었다. 아마 그보다 더 많이 있었을테지만 저자가 알고 있었던 것은 두 개였다. 매주 토요일 런던에 있는 작은 집에서는 다섯 여인이 모여 성령 충만을 얻기 위해 기도했으며, 또 매주 토요일 밤 영국 선더랜드에 있는 성공회 목사관에서는 다섯 남자들이 모여 영국 제도에 성령을 주시기를 간구했다.

주님은 먼저 런던에서 기도하던 여인들에게 임하셨다. 평범한 가정 주부인 캐더린 프라이스는 저녁 식사를 준비하던 중에 성령의 강권하심을 받아 모든 것을 버려두고 주님께 기도하기 시작했는데, 그렇게 기도하고 있을 때 주님이 친히 그녀에게 임하셨다. 그리하여 그녀는 영어가 아닌 새로운 말로 주님을 찬양하기 시작했다.

며칠 후 그녀는 그 당시 가장 신령한 생활을 한다고 알려져 있었던 케스윅(Keswick) 집단이 런던에서 개최한 집회에 참석하였다. 예배는 찬송을 부르는 것으로부터 시작되었는데, 그 예배에는 열의가 없는 것처럼 보였다. 캐더린 프라이스는 원래 지극히 소심한 사람이었지만, 그 때 주님의 영이 임하셨으므로 "오, 너희가 어찌하여 이처럼 냉담하고 무관심하며 부주의하게 주님의 보혈을 찬송할 수 있단 말이냐!"라고 소리쳤다. 그리고 곧 그녀는 성령의 인도하심을 따라 방언을 하기 시작했다.

이 일은 그곳에 모인 사람들에게 굉장한 영향을 주었다. 어떤 사람들은 하나님 앞에 엎드렸으며, 또 어떤 사람들은 두려움 때문에 교회 밖으로 뛰쳐 나갔다. 많은 사람들은 이것이 진실로 하나님의 성령의 현시(顯示)라는 인상을 받았으므로, 이 여인에게 말씀을 전해 달라고 요청했다.

그 날 이후로 이 일에 대해 더 많이 알기를 원하는 많은 사람들이 그녀의 집으로 찾아와 성령 세례를 받았다. 그녀의 집은 "하나님의 어린 양을 바라보라"는 한 가지 제목으로 기도하는 집회처로 개방되었다. 왜냐하면 어린 양이 흘리신 피로 성령의 은사를 샀기 때문이다. 이 일을 계기로 하여 하나님께서는 런던에 성령을 부어 주시기 시작했다.

곧 하나님께서는 선더랜드에도 성령을 부어 주셨으므로 그곳에서도 런던에서와 마찬가지로 예수 그리스도의 피가 높이 찬양되었고, 경건하게 예수의 피를 힘입어 간구한 많은 사람들이 성령 충만을 받았다.

우연히도 남 아메리카 칠레의 발파라이소에 있는 감리교회에 몇 사람이 모여 기도하고 있었는데, 주님은 그곳에도 임하셔서 후버(Hoover) 박사, 그리고 날마다 모여 기도하던 다섯 명의 감리교 형제들에게 성령을 부어 주셨다. 그들이 기도하던 주제도 역시 예수 그리스도의 피였다. 그 당시 사람들은 예수의 피를 크게 존중했으며, 다음과 같은 찬송을 그치지 않고 불렀다.

"주님, 나를 보호해 주옵소서
예수의 피, 보배로운 피,
정결케 하며 치료하시는 보혈 아래 보호하여 주소서.
하루 하루를 주님의 보혈 아래 지켜 주소서."

예수 그리스도의 피의 능력과 가치에 대한 계시는 끝이 없는 것 같았다. 지금 주님은 다시 한 번 교회로 하여금 보혈의 능력에 관심을 갖게 하고 계시다. 우리는 어린 양의 피를 찬송하며 그것을 힘입어 간구해야 한다. 왜냐하면 우리는 그 피로 말미암아 원수의 세력을 이기는 능력을 소유하기 때문이다. 하나님께서는 기계적으로 구하지 않고 진실로 거룩한 경외심으로 어린 양의 피를 힘입어 간구하는 사람들에게는 메뚜기와 자벌레와 모충이 먹어 버린 것들을 회복시켜 주실 것이다.

1959년 8월 온타리오에서
스탠리 H. 프로쉠

제1장

피 속에 있는 생명

어느 날 베티가 나에게 "화이트 목사님, 제 눈을 위해 기도해 주시겠어요?"라고 물었다. 베티는 토론토에 있는 어느 가게에서 일하는 16살 짜리 소녀였다.

나는 "베티야, 물론 그렇게 해 주마. 우리 함께 하나님을 믿고 예수의 피를 힘입어 간구하자."라고 대답했다. 나는 잠시 그녀를 바라보면서 내 안에서 예수의 크신 자비하심이 움틀거리는 것을 느꼈다. 그녀의 오른쪽 눈은 완전히 실명하였고 왼쪽 눈은 사물에 초점을 맞추지 못하는 상태였다. 그래서 그녀는 아주 도수가 높은 안경을 쓰고 있었다.

나는 그녀를 위해 기도하기 시작했는데, 예수의 보배로운 피를 힘입어 강력하고 단호하게 기도했다. 주님은 즉시 그녀의 오른 눈의 시력을 회복시켜 주셨다.

베티는 "오, 주님을 찬양하라! 내가 볼 수 있게 되었다"라고 울며 소리쳤다. 우리는 함께 주님의 자비를 기뻐했다.

몇 주일이 지나는 동안 베티의 왼쪽 눈은 점점 사물에 초점을 맞추기 시작하였으며, 몇 달 후에는 정상적인 시력을 가지게 되었다. 이것은 20년 전의 일이었으며, 그녀는 지금도 여전히 정상적인 시력을 지니고 있다.

이것은 내가 예수님의 보배로운 피의 능력을 설명하면서 제시할 수 있는 수 많은 예 가운데 하나에 불과하다. 모든 예들은 감격적이고 납득이 가는 이야기들이다. 나는 먼저 피에 대한 성경의 기본적인 가르침에 대해 생각해 보겠다.

피라는 것은 이상하고도 신비한 물질이다. 상상력이 없는 어린 소년은 짐승들의 피가 낭자하게 흐르고 있는 도살장 안을 들여다 보면서도 아무렇지도 않을 것이다. 그러나 그 소년이 성장하여 어느 정도 상상력을 지니게 되어 그런 광경을 본다면 기절하여 죽을 수도 있을 것이다.

반면에 자기가 좋아하는 권투선수가 피를 흘리는 것을 보는 성인 남녀들은 흥분하여 박수를 치고 응원할 것이다. 아마 인간에게는 피를 보면 좋아하는 추잡한 면이 있는 듯하다. 피는 인간을 흥분하게 만든다. 피는 인간에게 있는 고귀한 면을 축출하여 저급하게 만들기도 하지만, 전쟁이나 사고로 인하여 피를 흘리며 고통을 겪는 사람을 볼 때에는 동정심이 표현된다. 이처럼 피라는 것은 신비한 물질이다.

우리는 성경을 통해서 이 놀라운 물질에 대한 약간의 지혜를 얻는다. 성경은 백혈구와 적혈구의 화학적 결합에 대해서는 아무 말도 하지 않지만, 신비에 반드시 필요한 것—모든 살아 있는 것의 생명은 피 속에 있다는 것—을 말해준다.

"육체의 생명은 피에 있음이라"(레위기 17:11)

그런데 생명은 거의 피와 동등하게 신비한 것임에도 불구하고 우리는 생명에 대해서 거의 알지 못하고 있다. 그러나 우리는 인간이 아무리 연구를 하여도 생명을 창조하지 못한다는 것을 안다. 프랑켄스타인과 괴물이라는 유명한 이야기는 생명이 뇌우(雷雨)로부터 나와서 인간의 세포 조직으로 만들어진 시신(屍身) 속에 들어간 방법을 묘사하려는 취지의 이야기이다. 그러나 이것은 순전히 상상의 산물에 지나지 않는다. 전기(電氣)와 생명은 모든 생명을 지으신 분, 전능하신 하나님에게서 비롯된다는 성경의 설명을 받아들이는 것이 가장 낫다.

창세기 2:7에는 하나님께서 인간을 창조하신 기사가 기록되어 있다. 인간은 결코 인간을 창조할 수 없다는 것을 깨닫는 것은 참으로 중요한 일이다. 인간은 하나님께서 자신의 형상을 따라 지으신 것으로서 지구 상에 있는 것들 중에서 가장 창조적인 하나님의 솜씨이다.

성경에서는 인간이 신묘막측하게 지음심을 받았으며(시편 139:14), 하나님께서 인간보다 먼저 지으신 천사들보다 훨씬 더 기이하게 지으심을 받았다고 가르친다. 천사들에게는 육체가 없으므로 피도 없다. 그들은 영이기 때문에 영적 생명만 소유한다. 하나님께서는 그들을 그렇게 만드신 것이다.

그러나 하나님께서는 인간을 지으실 때에 땅의 흙—이 행성의 물질과 화학 요소들—을 가지고 육신을 만드셨다. 그런 다음에 하나님께서는 이 육신에게 생기(生氣)를 불어 넣으셨다. 다시 말하자면, 하나님은 이 화학적인 결합물 속에 자신의 영적 생명을 불어 넣으셨는데, 그 생명은 피라고 하는 물질 속에 보존되어 있다.

그러므로 당신도 알다시피 피는 생명이 아니며, 다만 생명을 운반할 뿐이다. 이 사실은 인간이 죽을 때에 일어나는 일을 관찰해 보면 분명히 알 수 있다. 사람이 숨을 거둔 직후의 육체는 아직 따뜻하며 잠시 동안 그런 상태가 유지될 것이다. 그러나 그 사람의 신비한 생명이 피에게서 떠났으므로 그 사람은 죽은 것이다. 인간의 생명은 혈류(血流) 속에서 운반되어진다. 생명 자체는 영적인 것이다. 그러나 그것은 물질적인 운반자를 가지고 있어야 하는데, 그것이 바로 피이다.

피와 관련하여 가장 놀라운 사실은 그것이 하나님의 생명을 운반하는 능력을 지닌다는 것이다. 신적인 것과 인간적인 것의 접촉이 혈류 속에서 이루어진다. 그러므로 피를 신비한 물질이라고 말하는 것은 지극히 당연한 일이다. 그것은 과학자도 설명하지 못하는 것을 포함하고 있다. 즉 하나님의 생명을 포함하고 있는 것이다!

최근에 인간의 피를 저장하는 혈액 은행이 생겼으며, 하나님에게서 비롯된 생명을 인간의 혈액 온도보다 훨씬 낮은 냉장고 속에 저장해 두는 것이 가능해졌다. 피는 얼려서 보관할 수 있지만 이처럼 얼리는 과정에 의해서 그 안에 있는 생명은 영향을 받게 마련이다.

혈액형이 다르지 않다면, 흑인의 피를 백인에게 수혈하거나 거꾸로 백인의 피를 흑인에게 수혈하는 것은 그다지 문제가 되지 않는다.

왜냐하면 피가 사람의 피부색이나 교양을 좌우하지 않기 때문이다. 피는 단지 하나님에게서 온 생명을 운반할 뿐이다. 살아 있는 피와 죽은 피의 차이점은 단지 하나님께서 그 안에 생명을 넣어 주셨다는 것과 그 생명을 거두어 가셨다는 것의 차이 뿐이다.

중상을 입은 사람이 피를 많이 흘리면 죽는다. 피가 없어지면 생명도 없어진다. 죽은 사람의 혈관에 화학 물질을 채우고 시신에 옷을 입혀 관에 넣어 사람들이 볼 수 있게 해도 그것은 시신일 뿐이다. 왜냐하면 그 혈관 속에 피가 흐르고 있지 않기 때문이다.

이러한 논의는 자연히 예수의 피의 독특한 본질에 대해 생각해 보게 만든다. 나는 플로리다주 탐파에 있는 기독교 의료재단에서 일하는 윌리암 스탠디쉬 리드 박사가 주장한바 동정녀 마리아가 초자연적으로 예수를 잉태하였다는 사상에 깊이 감사하고 있다. 여인의 난자는 피를 가지고 있지 않으며, 남성의 정자도 피를 가지고 있지 않다. 그러나 이 두 세포가 나팔관에서 결합하여 수태될 때에 피를 소유하며 새 생명이 시작된다. 이 새로운 창조물 속에 있는 혈액 세포들은 어머니와 아버지에게서 비롯된 것으로서 잉태되는 순간에 혈액형이 결정되며, 그 후로는 태반이 어머니의 혈액이 태아에게로 흘러 들어가지 못하도록 막는다.

성경에서는 마리아의 자궁 속에 예수를 잉태시킨 거룩한 행위자가 성령이라고 분명히 말한다. 그러므로 이것은 남성의 정자와 마리아의 난자가 결합하여 이루어지는 정상적적인 수태가 아니라, 이미 존재하고 계시던 성자의 생명을 마리아의 자궁 안에 심어 주신 하나님의 초자연적인 행동이었다. 하나님의 아들의 혈액형은 독립되고 귀한 것이었기 때문에, 마리아가 흠 없는 하나님의 어린 양에게 아담에게서 물려 받은 자신의 피를 공급할 수 있었으리라고는 생각조차 할 수 없다. 모든 하늘나라 자녀들의 피는 하나님의 초자연적이고 창조적인 행동에 의하여 하나님 아버지로부터 왔다. 예수의 피는 아담이 범한 죄에 물들지 않을 것이었다.

사람들 중에는 마리아는 난자를 제공했고 성령은 영적 정자를 제공했다고 주장하는 사람들이 있는데, 이것은 예수가 아담의 피 일부와 하나님의 피 일부가 섞여 잉태되었다는 뜻이므로 타락한 인류를 위한 하나님의 구원 계획에 일치하지 않는다. 또 그러한 사상은 마리아의 자궁 속에 잉태되기 이전에는 예수가 존재하지 않았다는 사이비 종교의 주장을 장려한다.

하나님께서는 자신이 아들을 위해 육체를 예비했다고 말하신다. 그것은 마리아의 자궁 속에서 창조된 육체였다.

> "그러므로 세상에 임하실 때에 가라사대 하나님이 제사와 예물을 원치 아니하시고 오직 나를 위하여 한 몸을 예비하였도다"(히브리서 10:5)

예수께서는 베들레헴에 탄생하시기 전에 이미 아버지께서 자기를 위해 몸을 만들어 예비하실 것을 알고 있었으며, 후일 그는 그것을 하나님의 성전이라고 묘사했다. 그는 단지 하늘나라에서 내려와 지상에서의 어머니인 다리아의 자궁 속에 있는 새로 만들어진 몸에 들어 갔을 뿐이다. 이 몸은 그의 아버지께서 만드신 혈액형을 가지고 있었으며, 거기에는 아담의 것이 섞이지 않았다.

예수는 하나님의 독생자이시지만(요한복음 1:14) 기이하게도 그의 육신은 모친인 마리아의 자궁 속에서 형성되고 조성되었다. 그러나 예수 그리스도 안에 있는 생명은 성령으로 말미암아 아버지에게서 온 것이었고, 그의 혈관 속을 흐른 생명은 하나님에게서 온 것이었다. 그러므로 예수께서 "나는 생명이라"고 말씀하신 것은 전혀 기이한 말이 아니다. 하나님께서는 예수의 혈류 속에 자신의 생명을 넣으셨다.

아담의 피는 부패했으며, 마리아는 부패한 아담의 피를 가지고 있었다. 그렇기 때문에 마리아는 자기의 아들 예수를 가리켜 "하나님 내 구주"라고 선포했다(누가복음 1:47). 마리아는 자기의 아들 예수의 몸을 운반하는 자로 선택되었으나 예수의 피는 모두 하나님에게서 온 것이었다.

나는 의학적으로 인간의 피를 몇 종류로 분류하는지 알지 못한다. 그러나 주 예수 그리스도의 "혈액형"은 인간의 것과는 완전히 다르다는 것을 알고 있다. 예수의 혈관 속을 흐른 피는 완전한 것이었다. 그것은 인간의 혈액 속에 죄와 병마가 들어가게 만든 아담의 죄에 오염되지 않았기 때문이다.

만일 아담이 범죄하지 않았다면, 아담은 죽지 않았을 것이다. 그는 자기의 죄로 말미암아 인류에게 사망을 도입하였다. 그러므로 인간의 몸은 부패와 타락에 예속되었으며, 궁극적으로 모든 사람에게는 사망이 임하게 된다. 그리하여 사망이 임할 때에 피 속에 있는 생명은 인간의 영과 혼에게서 작별하는 것이다.

　예수 그리스도의 몸 안에는 전혀 죄가 없었다. 그러나 그는 범죄한 인류의 죄를 대신하여 죽는 것을 허락하셨다. 그는 몸에 사망을 가지고 다니는 불쌍한 인류를 대속하기 위해서 자신의 완전한 피 속에 있는 완전한 생명을 주셨다. 불완전하고 오염된 피 대신에 완전한 피를 주셨다. 생명을 대신하여 생명을 주셨으니, 이는 생명은 피 속에 있기 때문이다. 이런 까닭에 예수를 마지막 아담이라고 묘사한다. 하나님께서는 그를 범죄한 아담과 닮은 모습으로 세상에 보내셨으나 그의 혈관 속에 흐르는 피는 죄에 물들지 않은 깨끗한 피였다. 하나님께서는 인류의 생명을 위하여 깨끗한 피를 흘리게 하시려고 예수를 세상에 보내셨다.

　예수의 피는 우리의 피와는 전혀 다른 것이라는 것을 알아야 한다. 베드로는 그것을 "보배로운 피"라고 했는데, 이것은 올바른 표현이다(베드로전서 1:19). 우리는 인간의 가치 기준에 의해서 예수의 피를 평가할 수는 없다. 그것은 무한히 귀한 것이다. 그것은 온 인류를 대속하기 위해서 치르신 하나님의 속전(贖錢)이다.

　잠시 상상해 보라. 만일 예수의 피가 세상에 있는 인간의 혈액 은행에 저장될 수 있다면 놀랍지 않겠는가? 그렇다면 그리스도의 피를 수혈 받는 사람들은 그 깨끗한 피 안에 있는 하나님의 영원한 생명을 받게 되지 않겠는가? 물론 하나님께서는 결코 수혈에 의해서 구원을 집행하려 하지 아니하신다. 그러나 어떤 사람이 예수를 의뢰하며 자기의 구세주로 받아들일 때 그와 마찬가지로 큰 기적이 일어난다. 그리스도를 영접하는 즉시 큰 정결케 함이 발생하며 혈류 속에 있는 죄가 씻기어진다.

> "내가 전에는 그들의 피흘림 당한 것을 갚아 주지 아니하였거니와 이제는 갚아 주리니 이는 나 여호와가 시온에 거함이니라"(요엘 3:21)

성경은 우리가 예수를 영접하면 그의 피가 우리 마음을 깨끗하게 한다고 선포한다. 이것은 사람들이 생각하고 있는 것보다 더 정확한 사실이다. 우리의 혈류 속에 있는 죄가 깨끗이 제거되고 영적 더러움이 씻기어졌다면, 피를 순환시켜 주는 심장도 깨끗하게 되었다고 할 수 있을 것이다.

우리는 구원이라는 기적에 의해서 영원한 생명과 하나님의 아들의 거룩한 건강을 받는다. 세상에서 가장 강력한 살균제는 예수 그리스도의 피이다. 그 안에는 하나님의 영원한 생명이 들어 있다.

이와 관련하여, 사단의 별명인 "마왕(Beelzebub)"이 "파리들의 주" "파리들의 왕자"라는 뜻이라는 사실에 관심을 기울이는 것도 흥미있는 일이다. 죽은 피는 파리들을 끌어들이며, 파리들은 굳어지는 피 속에서 부패함을 번식시킬 것이다.

그러나 예수의 피는 그와 정반대의 효과를 발휘한다. 그것은 마왕과 모든 악마들을 격퇴한다. 우리가 믿음을 가지고 어떤 대상에게 예수의 피를 뿌리면, 예수의 피는 살아 있기 때문에 사단은 도망칠 것이다. 생명은 예수의 피 속에 있다.

마귀는 예수의 피에 대한 언급을 싫어한다. 우리가 직접 그러한 말로 마귀들을 공격해 보면 이러한 사실이 분명해진다. 우리가 예수의 피를 언급했을 때에 어떤 마귀들은 실제로 "그런 말을 하지 말아라. 그런 말을 하지 말아라."라고 말했었다.

또 어떤 마귀는 마치 우리가 무서운 말을 하기나 한 것처럼 비난조로 "너 계속 그런 말을 할테냐?"라고 말했다.

언젠가 우리는 정신이 나간 여인을 위해 기도하고 있었다. 나는 "예수여, 우리는 당신의 보배로운 피를 힙입어 간구합니다!"라고 말했는데, 즉시 그 여인의 목구멍에서 이상한 소리가 나면서 말하기를 "그런 말을 하지 말아라. 나는 그런 말을 좋아하지 않는다"라고 말했다. 그러나 우리는 계속하여 "우리가 그 피를 힘입어 간구합니다!"라고 소리치며 기도했다. 그랬더니 드디어 마귀는 항복했다. 마귀는 "좋다. 그런 말을 해도 좋다. 나는 상관하지 않겠다."고 말했다. 그렇게 말함과 동시에 마귀는 그 부인에게서 나갔으므로 여인은 정신을 되찾았다. 우리는 예수의 피의 능력을 보고 기뻐했다.

그러므로 우리는 예수의 피의 능력을 과소평가하지 말아야 한다. 레위기 17장에는 "육체의 생명은 피에 있음이라 내가 이 피를 너희에게 주어 단에 뿌려 너희의 생명을 위하여 속하게 하였나니 생명이 피에 있으므로 피가 죄를 속하였느니라"라고 기록되어 있다. 그러므로 "피흘림이 없은즉 사함이 없느니라"라고 말한 사도의 말은 옳은 말이다(히브리서 9:22).

제2장

피에 의한 속죄

가능하다면 마음 속에 갈보리를 그려 보아라. 이제까지 어느 화가도 갈보리 언덕에서 벌어졌던 장면들을 사실 그대로 묘사하지 못했다. 그것은 화폭에 그리기에는 너무나 불쾌한 장면일 수도 있다. 로마인들이 예수에게서 허리를 두른 옷까지 벗기기 않았는지 의심스럽다.

예수는 에덴 동산에 살았던 최초의 아담처럼 되셔서 자기의 벌거벗음을 자신의 보배로운 피로 덮었다. 그 다음에는 그의 보배로운 피로 우리의 벌거벗음을 가리게 될 것이니, 이것이 완전한 구속이다! 우리는 자신의 죄를 가릴 무화과 잎이나 허리를 가리는 간단한 옷조차 바치지 못한다. 우리는 자신에게서 모든 것을 박탈하며, 그 앞에서 가리고 덮는 것을 소유하지 않아야만 한다. 그리하면 우리가 그의 보배로운 피의 씻음을 받아들인 후에 그는 우리에게 복된 의의 옷을 주실 것이다. 이것은 참으로 영광스러운 진리이다!

주님은 머리에 가시관을 쓰셨다. 1.5인치나 자란 가시들이 주님의 이마를 찔러 상처를 냈기 때문에 거기서 피가 흘러나와 주님의 머리털과 턱수염을 적셨으며 검붉은 색으로 엉겨붙었다. 주님의 두 손에 박힌 못 때문에 생긴 상처에서 흐르는 피는 팔과 옆구리까지 흘러 내렸다. 마지막에 로마 군사가 창으로 주님의 옆구리를 찔렀는데, 거기서 나온 피는 십자가의 양 옆으로 흘러 땅 바닥에까지 흘러 내렸다. 또 주님의 두 발에도 못이 박혔으며, 많은 피가 십자가의 양 옆을 적셨으니, 이것은 온 세상을 죄를 위해 흘리신 주님의 피였다.

사람들은 주님의 뼈를 꺾었다(시편 22을 보라). 그의 얼굴은 보기에도 끔찍했고, 그에게는 흠모할만한 아름다운 것도 없었다(이사야 53:2). 하나님께서는 자기에게서 가장 좋은 것, 자기 아들, 완전한 제물을 주셨다. 그는 죽을 때에도 전혀 흠을 남기지 않았으니, 병사들이 그의 다리를 꺾으려고 했을 때 그는 이미 운명하였기 때문에 뼈를 꺾이지 않았기 때문이다.

예수를 바라본 사람들이 본 것은 오로지 피 뿐이었다. 그것은 피로 얼룩진 장면이었다. 그의 머리털과 수염은 피에 흠뻑 젖어 있었고, 그의 등에는 채찍을 맞은 상처가 가득했고 피로 덮여 있었다. 심지어 십자가까지도 그가 흘린 피로 물들어 있었고, 땅도 피로 젖어 있었다. 그리스도 안에서 온갖 형태의 대속이 이루어졌다. 그것은 피, 피, 피였다.

완전한 구속은 그리스도의 피를 통해 예비된다는 사실을 우리는 깨달아야 한다. "구속(atonement)"이라는 단어는 아름다운 단어이지만, 때때로 사람들은 그것을 오해하는 경우가 있다. 어떤 사람들은 "구속"이라는 단어가 "하나됨(at-one-ment)"이라는 의미라고 주장한다. 이런 주장에 대해 우리가 할 수 있는 최선의 말은 그것은 재주 있는 말장난이지 실제의 의미가 아니라는 것이다.

"구속"이라는 단어는 단지 "덮개"를 의미한다. 죄가 풍성할 때에 은혜가 더욱 풍성했다. 왜냐하면 은혜와 더불어 예수의 보혈이 임했는데, 그것이 우리의 모든 죄를 덮기 때문이다.

2차 대전 동안 우리 부부는 영국에서 있으면서 예수의 보혈로 덮이는 일의 효력을 절실하게 느꼈다. 독일군이 도처에 폭명탄(爆鳴彈)을 투하하는 공습 기간 동안에 우리는 많은 위험을 겪었다. 그러나 우리는 그 와중에서도 자녀들과 함께 잠을 잘 수 있었다. 예수의 피가 우리를 보호해 주셨으므로 우리는 튼튼한 대피소에서 잠을 자는 것 같았다. 실제로 우리는 종종 그 피를 "세상에서 가장 튼튼한 공습 대피소"라고 말하곤 했다.

그러나 우리는 결코 이 피난처를 당연한 것으로 여기지 않았으며, 매일 밤 잠자리에 들기 전에 우리 자신과 가정과 자녀를 예수의 피로 덮곤 했다.

어느 날 밤, 우리 집에서 일 마일 반경에 있는 곳에 열 세 개의 폭탄이 투하되었다. 그것들은 대형 폭탄이었다. 우리 집 건물에 미미한 피해를 입기는 했지만 우리 식구들은 모두 안전했다.

만일 우리가 "구속"이라는 단어의 의미를 분명하게 이해할 수 있다면, 우리는 엄청난 진리를 발견했을 것이다. 하나님께서는 우리가 원치 않는 것들을 덮어 가릴 수 있는 물질을 예비하셨다. 하나님께서는 우리가 믿음으로 말미암아 예수의 피가 우리의 죄를 덮었다고 생각한 후에는 우리의 죄를 보지 않겠다고 보증하신다. 그 이유는 무엇인가? 하나님께서는 예수의 피를 보실 때에는 죄를 보시지 않기 때문이다.

레위기 17:12에서는 피 속에는 생명이 있으며, 뿐만 아니라 피는 영혼을 구속하거나 덮어줄 유일한 물질이라고 한다. 그러므로 죄인은 대용물(구약에서 대용물로는 정결한 동물이 사용되었다)을 받아들일 때에, 그 대용물이 자기를 대신하여 죽는 것을 본다. 이런 방법에 의하여 죄인에게 피로 덮음이 예비되었다.

태초에 하나님께서는 아담과 이브가 자신의 벌거벗음을 덮기 위해서는 아담이 사랑하는 살아 있는 피조물들을 죽여 피를 흘려야 한다고 명령하셨다. 무화과 잎은 그들의 벌거벗음을 덮기에는 부족했다. 그리하여 아담과 이브는 짐승을 죽여 피를 흘린 후에 그 가죽으로 몸을 가렸다. 성경에는 생명에는 생명으로 대응한다는 원리가 일관적으로 흐르고 있다. 피흘림이 포함되지 않은 의복은 아담과 이브를 덮어 줄 수 없었다. 만일 인간을 제멋대로 하게 내버려 둔다면, 피흘림을 필요로 하지 않는 종교들을 만들어낼 것이다. 그런 것들은 무화과 잎 종교들이다.

이것이 우리가 성만찬을 행할 때에 떡과 포도주를 먹는 것이 지극히 중요한 이유이다. 어떤 사람들은 떡을 떼는 일만 행하는데, 그것은 피 없는 제물과 같다. 피가 없는 몸에는 생명이 없다.

"증거하는 이가 셋이니 성령과 물과 피라 또한 이 셋이 합하여 하

나이니라"(요한1서 5:8)

　성경에서 물은 종종 하나님의 말씀을 상징한다. 그것은 예베소서 5:26에 기록된 바와 같이 끊임없이 우리를 씻어준다. 그러나 피가 없는 말씀은 무익하다. 왜냐하면 예수의 생명, 하나님의 말씀은 피 속에 있기 때문이다. 그러므로 주님의 만찬을 행할 때에 떡만 떼는 것은 옳지 않다. 우리는 떡과 포도주 두 가지를 모두 받아야 하는데, 이것은 예수, 십자가에 달리신 하나님의 말씀, 그리고 그가 우리를 위해여 기꺼이 흘리신 피에 대해 증거한다. 우리는 먼저 떡을 떼고, 그 후 떡에 포도주를 마신다.

　성령은 종종 물과 피와 완전히 일치한다. 이런 까닭에 우리가 예수의 피를 존중하면, 즉시 성령께서 우리를 위하여 그의 생명을 나타내시는 것이다. 성령은 하나님의 말씀, 그리고 예수의 피와 일치하며, 이것들은 서로 일치한다. 그것들은 셋이면서 하나이다.

　구약 시대에는 속죄일에 책에 피를 뿌렸다. 그 이유는 무엇인가? 피를 바르지 않은 책은 읽는 자들에게 생명이 없는 책이 되기 때문이다. 책(하나님의 말씀)과 백성들 모두가 피 뿌림을 받아야 한다. 이것도 역시 갈보리에서 성취되었다. 살아 계신 하나님의 말씀이신 예수는 자신의 피로 뿌림을 당했다.

　사람들 중에는 예수의 이름을 소유하는 것으로 충분하다고 말하는 사람들이 있으나 그렇지 않다. 우리에게는 예수의 이름과 피가 필요하다. 왜냐하면 피 속에 생명이 있기 때문이다. 예수께서 자기의 피를 흘리시고 그것을 아버지에게 바쳤기 때문에 하나님께서는 아들에게 능력과 권세를 주셨으며(마태복음 28:18), 그런 까닭에 예수의 이름에 능력이 있는 것이다. 또 그와 동일한 능력과 권세는 모든 신자들에게 주어지지만(누가복음 10:19), 그것은 우리가 예수의 피를 존중할 때에만 작용한다.

흔히 예수의 죽으심을 "대신하는" 죽음이라고 말한다. 이것은 대속의 죽음이라는 의미이다. 주님은 우리를 대신하여 죽으셨다. 구약에는 피흘림이라는 조건에서만 죄 사함을 얻는다는 것, 생명에는 생명으로 대응한다는 것을 증명해 주는 말씀들이 많으며, 신약 성서에서도 그러한 말씀을 찾아볼 수 있다.

"피흘림이 없은즉 사함이 없느니라"(히브리서 9:22)

예수께서는 십자가에 달려 돌아가실 때 피를 흘리셨으며, 하나님의 대제사장으로서 백성들을 대신하여 피를 뿌리셨다. 그는 유월절, "여호와께서 문 인방과 좌우 설주에 피를 보시면 그 문을 넘으시고 멸하는 자로 너희 집에 들어가서 너희를 치지 못하게 하실 것임이니라"고 하신 것을 기리는 명절 날에 십자가에 달리셨다(출애굽기 12:23). 유대인들이 최초의 출애굽을 경축하는 순간에 예수는 두 번째 출애굽을 위한 대속을 행하고 계셨다. 이 제물과 그의 보배로운 피의 효능을 믿는 사람들에게는 죄와 그로 말미암는 형벌(여기에는 질병이 포함된다)로부터의 출애굽이 있다.

예수는 자신의 피를 뿌려 다음과 같은 전형(典型)들을 성취하셨다: 제단(십자가) 위에서(출애굽기 24:6-8), 십자가의 주위에서(출애굽기 29:12-16), 대제사장의 옷에서(출애굽기 29:20-21), 일곱 번 뿌림을 당했으며(레위기 4:6-7), 십자가 밑에서(레위기 4:6-7), 십자가 옆에서(레위기 5:9), 십자가 주위에서, 즉 십자가 밑의 땅에서(레위기 7:2), 성소 앞에서 일곱 번 뿌림을 당했다(민수기 19:4). 마지막 것은 십자가와 갈보리 언덕은 예루살렘 성전이 보이는 곳에 있었다는 점에서 성취되었다.

이 모든 구약의 전형들은 예수께서 십자가에 달리신 일 속에서 성취되었는데, 예수는 자신을 우리의 유월절, 우리의 대리인, 우리의 구세주, 우리의 피 제물로 만드셨다. 예수의 피만이 우리의 죄를 덮을 수 있다.

예수께서 갈보리에서 지신 무거운 죄짐을 생각해본다면, 예수께서 (육체의 고통이 아니라) 영혼의 고통 속에서 "나의 하나님, 나의 하나님, 어찌하여 나를 버리시나이까?"라고 외치신 것을 어찌 조금이라도 기이하게 여길 수 있겠는가(시편 22:1; 마태복음 27:46)? 하나님께서는 어찌하여 자기 아들을 버리셨는가? 기록된 바에 의하면 하나님께서는 죄를 "참아 보지 못하시기" 때문이다(하박국 1:13). 예수께서는 세상 죄를 지시고 십자가에 달리셨기 때문에, 아버지께서는 자기 아들이었지만 참아 보실 수가 없었다. 예수는 우리를 대신하여 죄가 되셨기 때문이다.

예수께서는 우리 죄의 악을 담당하시고 계셨기 때문에, 자기의 몸을 자기의 피로 덮기 전까지는 하나님 아버지께서는 그를 참아 보실 수가 없었다. 예수께서 자기의 몸을 자기의 피로 덮은 후에야 아버지께서는 자기의 독생자에게 얼굴을 돌리시고 그를 바라보셨다.

그는 죽기까지 순종하셨다. 그는 십자가에 달려 죽기 까지 순종하셨다. 이제 우리의 죄는 사함을 받고 그의 보배로운 피로 덮혔다. 그는 우리의 생명을 위하여 자신의 생명을 바치셨으니, 그것이 아버지께서 요구하신 일이었다.

이 일이 이루어진 후 아버지께서는 우리의 죄를 바라보신 것이 아니라 자기 아들의 피를 바라보셨다. 그것이면 넉넉하였다. 하나님의 아들이 온 인류를 대신하여 자기의 피 속에 있는 생명을 바치셨던 것이다. 아버지께서는 그 제물을 존중하셨으며, 우리의 대속은 완전히 이루어졌다.

만일 우리가 예수 그리스도의 피를 중히 여긴다면, 아버지께서 미소를 지으시며 우리를 용서하시고 정결케 해주실 것이다. 그러나 이것은 따분하게 신학적으로 존중하는 것이 아니라 적극적이고 결정적으로 그의 피를 포옹하는 것을 의미한다.

우리는 우리의 행위가 아니라 예수의 피를 바쳐야 한다. 하나님께서는 우리의 죄를 덮고 용서하고 탄원하기 위해 바쳐진 자기 아들의 피를 보실 때에는 결코 우리의 죄를 보시지 않는다. 그는 단지 우리의 죄를 덮어주는 것, 즉 예수의 피를 보실 뿐이다. 그러므로 우리는 "생명이 피에 있으므로 피가 죄를 속한다"는 것을 깨닫는다(레위기 17:12).

제3장

예수의 피는 말한다.

몇 해 전 레스터 섬랠(Lester Sumrall)은 필리핀 제도(諸島)에서 귀신 들린 소녀를 구원해 주려 했는데, 그 때 그 소녀 속에 있는 귀신은 완전한 영어로 이야기했다. 그런데 그 소녀는 영어를 전혀 알지도 못하는 아이였다. 이 악령은 성부, 성자, 성령, 예수의 피를 순서대로 저주했다. 1957년 시카고에서 개최된 복음 전도대회에서 섬랠 형제는 말하기를 그 귀신은 예수의 피가 살아 있다고 믿는 것 같았다고 말했다.

하나님의 생명이 예수의 피 속에 있다는 것을 기억한다면, 우리는 이 강한 악령의 반응에 놀라지 않는다. 기독교인이 예수의 보배로운 피를 전하고 그것을 노래하거나 간구하기 시작하면, 마귀는 무섭게 불안해 한다. 마귀는 예수의 피의 능력을 알고 있으므로 기독교인들이 이 진리를 깨닫지 못하게 하려고 할 수 있는 모든 일을 행해왔다.

많은 명목상의 기독교인들은 그들의 표현대로 말해서 "도살장 종교"와 전혀 관계를 갖지 않을 것이다. 하나님의 생명이 들어 있지 않은 종교 신앙이 있는데, 마귀는 우리가 그런 종류의 신앙을 갖는 것에는 반대하지 않는다. 그러나 우리가 적극적으로 예수의 피를 존중하기 시작하는 순간 마귀들은 병적으로 흥분한다. 그것은 마치 말벌집에 불을 붙인 것과 같다.

교회 내에서조차 예수의 피에 대해 그다지 가르치지 않으며 교인들이 악령들의 활동에 대해 거의 알지 못하고 있다는 것을 놀라운 사실이다.

현명한 기독교인이라면 예수의 피에 대한 믿음이 없이 악마들을 쫓아내려는 시도는 하지 않을 것이다. 필자는 여러 번 하나님의 도구로 사용되어 영과 육이 마귀의 지배 하에 있는 사람들을 구한 일이 있었는데, 언제나 예수의 피를 힘입어 간구했으며 그가 문자 그대로 그 피에 덮혔다는 것을 지식을 가지고 있었다.

그런 경우에 "너희를 해할 자가 결단코 없으리라"고 하신 예수의 약속(누가복음 10:19), "무릇 너를 치려고 제조된 기계가 날카롭지 못할 것이라"는 이사야서의 약속(이사야 54:17)이 완전히 실현된다.

예수의 피가 우리를 보호할 수 있는 것은 그 피가 하나님께 무엇인가를 말한다는 사실에 의지한다. 그 피는 하나님께 "죄가 덮혔다! 벌금을 지불했다!"고 소리친다.

실제로 성경에는 흘림을 당한 피가 하나님께 말한다는 증거가 많다. 가인이 동생 아벨을 살해했을 때, 여호와께서는 가인에게 "네가 무엇을 하였느냐 네 아우의 핏소리가 땅에서부터 내게 호소하느니라"라고 말씀하셨다(창세기 4:10). 이 말씀으로 보건대, 아벨의 피 속에 있는 생명은 그가 살해 당한 후에도 끊어지지 않고 복수를 위해 소리쳤다. 이해하기 어렵지만 하나님께서는 무죄하게 흘려진 피는 복수해달라고 소리친다고 말씀하고 계신다.

히브리서 기자는 예수의 피를 아벨의 피와 비교하여 언급하면서 "아벨의 피보다 더 낫게 말하는 뿌린 피"라고 했다(히브리서 12:24). 아벨의 피가 복수를 부르짖는 반면에, 예수의 피는 자비를 부르짖는다.

이것은 구약 시대에 대제사장이 해마다 지성소에 있는 속죄소에 염소와 황소의 피를 뿌린 것 안에 상징되어 있다(히브리서 9:25). 그렇게 피를 뿌린 결과 하나님께서는 속죄소를 가리고 있는 두 스랍 사이에서 대제사장에게 자기를 나타내시고 말씀하셨다.

피를 사용할 때에만 영광이 나타나고 음성이 들렸다는 사실에 유의하는 것도 흥미있는 일이다. 대제사장이 지난 일년 동안 이스라엘이 지은 죄를 대속하는 피를 믿는 것만으로는 충분하지 못하였다. 그는 피를 사용해야 했다.

우리는 오직 예수의 피로 말미암아, 그가 우리를 위하여 휘장(휘장은 그의 육체를 의미한다) 가운데로 열어 놓으신 새롭고 산 길을 따라가야만 천국에 갈 수 있다. 하나님의 집을 다스리는 큰 제사장이 계시매, 우리가 마음에 뿌림을 받아 양심의 악을 깨닫고 몸을 맑은 물로 씻었으니 참 마음과 온전한 믿음으로 하나님께 나아가자(히브리서(10:20-22).

구약 시대에 지성소에 들어간 대제사장은 피를 제물로 바치지 않으면 죽기 때문에 오직 피만 바쳤다. 오늘 기독교 사회에서 우리는 많은 사람들이 다른 것들을 제물로 바치는 것을 본다. 즉 자기의 행위, 감정, 이상한 불, 다양한 종류의 예배들을 바친다. 그러나 우리가 "그리스도 예수 안에 있는 거룩한 곳"에 들어가려 한다면 우리의 유일한 탄원의 근거로 예수의 피를 바쳐만 한다는 것을 알아야 한다.

예수의 피를 근거로 내세우는 것은 우리가 온전히 하나님의 자비를 의지하고 있다는 것을 고백하는 것이다. "우리는 손에 아무 것도 들지 않고 다만 당신의 십자가에 매달리나이다." 우리가 예수의 피를 근거를 내세우면, 그 피는 곧 우리를 위해 탄원한다. 왜냐하면 그것을 말하는 피이기 때문이다. 그것은 예수께서 아버지와 함께 앉아 계신 하늘 나라 속죄소에서 자비의 말을 한다. 이것은 우리가 예수의 피를 근거로 내세우는 이유이다.

우리는 온 교회가 예수의 피를 사용하는 일이 얼마나 가치 있는 일인지 배워야 한다고 확신한다. 이 비밀을 발견한 사람들에게는 하나님의 능력의 모든 영역이 개방된다. 또 하늘나라에 있는 천사들은 예수의 피를 귀하게 여기고 사용하며 간구하는 하나님의 자녀에게 와서 그를 돕고 구해줄 것이다. 진실로 어느 작가가 노래한 것처럼 "성령은 예수의 피에 응답하신다."

제4장

유월절

　창세기에서는 고대 족장들이 동물을 제물로 드렸다는 사실을 가르쳐준다. 아브라함은 수양을 제물로 드렸고(창세기 22:13), 노아는 홍수 후에 제단을 쌓고 대홍수 동안에 안전하게 살아 남은 정결한 새와 짐승 중에서 몇 마리를 제물로 드렸다(창세기 8:20). 이 동물들은 값비싼 것이었으며, 싼 것들은 제물로 드릴 수 없었다.

　사람들 중에는 하나님께서 대홍수 동안에 익사하지 않게 보호하여 살려 주신 귀한 동물들을 죽여 제물로 드린 것은 분명한 낭비라고 주장하는 사람도 있을 것이다. 동물들을 죽이지 않고 그냥 무릎을 꿇고 앉아 감사 기도를 드리는 것은 어떤가?

　또 오늘날 많은 사람들은 피에 대한 강조는 줄이고 예배와 기도를 더 강조하는 것이 좋을 것이라고 주장한다. 이것은 사단이 우리를 미혹하기 위해 사용하는 방법이다. 만일 우리가 오늘 예수의 피를 더 많이 바치고 우리 자신의 장황한 기도를 줄인다면, 우리는 한층 훌륭한 응답을 받을 것이며, 우리 마음 속에서 두려움이 줄어들 것이다. 하나님께서는 자기 아들의 피를 근거로해서만 우리와 우리의 감사를 받으실 수 있다. 그 외에는 하나님의 임재 속으로 들어가는 길은 없다.

애굽에 살고 있었던 이스라엘 백성은 이것을 알았다. 비록 그들에게는 성문법(成文法)이 없었지만 하나님께서 피를 요구하신다는 말씀은 여러 세대를 거쳐 전해 내려왔다. 이스라엘 사람들은 조상 아브라함이 이삭의 생명 대신에 수양을 제물로 드림으로써 자기들이 하나의 국가로서의 생존하게 된 것은 하나님의 자비하심 덕택이라는 것을 배웠기 때문에 피에 대해 알고 있었다. 만일 이삭의 목숨이 살아 남지 못했다면 이스라엘 국가는 존재하지 못했을 것이다. 왜냐하면 이삭은 아브라함의 외아들이었기 때문이다. 이삭은 기적적으로 구원 받은 자녀, 피로 말미암아 구원받은 자녀였다. 모든 이스라엘 사람들은 이 이야기를 배웠고, 피의 중요성을 깨닫고 있었다.

하나님께서는 이스라엘 백성들을 애굽의 종살이에서 구해 주시면서 이것을 한층 더 극적으로 그들에게 가르치셨다. 하나님께서 애굽 땅에 아홉 가지 재앙을 보내셨지만 바로는 이스라엘 자녀들을 내놓으려 하지 않았다. 전세(戰勢)를 하나님의 백성에게 유리하게 전환하기 위해서는 피가 필요했다.

하나님께서는 모세와 아론에게 "말씀하시기를, "너희는 이스라엘 회중에게 고하여 이르라 이 달 열흘에 너희 매인이 어린 양을 취할찌니 각 가족대로 그 식구를 위하여 어린 양을 취하라"고 말씀하셨다(출애굽기 12:3). 그것은 흠 없는 어린 양, 싸구려 이등품이 아니라 양 떼 중에서 가장 귀한 것이어야만 했다. 가장 좋은 양을 드려야 했다. 각 가정에서 양 한 마리를 잡아야 했는데, 그 양은 온 가족을 대신할 것이었다. 양 한 마리가 약 15명을 대신하였다.

여기에는 기독교 가정들을 위한 엄청난 진리가 들어 있다. 하나님께서는 모든 가정들을 구원하기를 원하시며, 모든 기독교인은 자기 가정의 구원을 요구해야만 한다.

출애굽기 12장 7절에서는 더 많은 가르침들이 주어진다.

"그 양을 잡고 그 피로 양을 먹을 집 문 좌우 설주와 인방에 바르고…내가 그 밤에 애굽 땅을 두루 다니며 사람과 짐승을 무론하고 애굽 나라 가운데 처음 난 것을 다 치고…내가 애굽 땅을 칠 때에 그 피가 너희의 거하는 집에 있어서 너희를 위하여 표적이 될찌라 내가 피를 볼 때에 너희를 넘어가리니 재앙이 너희에게 내려 멸하지 아니하리라"(출애굽기 12:7, 12, 13)

그 다음에 더욱 자세한 내용이 공개된다.

"너희는 우슬초 묶음을 취하여 그릇에 담은 피에 적시어서 그 피를 문 인방과 좌우 설주에 뿌리고 아침까지 한 사람도 자기 집 문 밖에 나가지 말라 여호와께서 애굽 사람을 치러 두루 다니실 때에 문 인방과 좌우 설주에 피를 보시면 그 문을 넘으시고 멸하는 자로 너희 집에 들어가서 너희를 치지 못하게 하실 것임이니라"(출애굽기 12:22-23)

여기에서 우리는 몇 가지 사실에 유의해야 한다. 첫째, 만일 이스라엘 사람이 하나님께서 인간을 통하여 내리신 이 특이한 명령을 조롱하거나, 또는 모세와 아론은 미쳤기 때문에 더 이상 자기들을 지도하지 못한다고 주장했다면, 그들은 멸망했을 것이다.

둘째, 만일 그들이 그러한 "부질 없는 소리"를 가르치지 않는 다른 교회로 가기로 결정했다면, 그들은 멸망했을 것이다.

셋째, 만일 그들이 한 밤 중에 집 밖에서 벌어지는 광경을 구경하는 모험을 하기로 결정했다면, 그들은 멸망했을 것이다. 왜냐하면 그 시간에 그들은 "피 아래" 있지 않았기 때문이다.

넷째, 만일 그들이 자신의 의를 제물로 드리고 피를 뿌리지 않기로 결정했다면, 그들은 멸망했을 것이다.

다섯째, 만일 그들이 물이나 빨강 물감이나 그 밖의 다른 물질을 뿌렸다면, 그것은 좋지 않은 일이기 때문에, 하나님의 사자가 그들을 쳐 죽였을 것이다.

만일 오늘날 하나님의 종들이 그런 명령을 한다면, 그 명령에 순종하겠다고 생각하는 사람은 거의 없을 것이다. 피는 다루기에 그다지 유쾌한 물질이 아니다. 피는 날씨가 더우면 파리가 꾀고 세균이 발생하는 등 비위생적이다. 오늘날 보건 사회부에서는 결코 그러한 행동을 인정하지 않을 것이다. 피가 아닌 보다 더 실질적이고 현명하고 바람직한 방법을 찾아내야 할 것이다.

또 하나님께서 현장을 조사하실 때에, 멸하는 자가 그들의 집에 들어가 그들을 멸하게 하는 것을 허락하시지 않으실 것임도 유의해야 한다. 피로 말미암아 중요하게 된 이 "멸하는 자"는 누구인가? 요한

계시록 9:11에는 무저갱의 임금의 이름이 히브리어로 아바돈이요, 헬라어로는 아볼루온이라는 말씀이 있는데, 그것은 "멸하는 자"라는 뜻이다. 그러므로 멸하는 자는 바로 무저갱에 있는 악마들의 임금인 사단이다.

사단이 멸하는 자라는 것을 깨닫는 것이 중요하다. 사단에게서는 결코 선한 것이나 건설적인 것이 나아오지 않는다. 사단은 사망과 불행을 만드는 자이다. 그러나 성경은 하나님은 지고하신 분이시며 하나님께서 하락하시지 않는한 사단은 사람에게 멸망이나 환난을 가져오지 못한다고 확언해준다.

그리고 비록 하나님께서 멸하는 자에게 그러한 일을 허락하신다고 해도, 만일 당신이 기독교인이라면 하나님께서 그 일을 허락하시는 것은 당신의 축복을 위한 것이다. 의로운 욥에게 종기들이 나게 만든 것은 사단이었다. 또 욥의 자녀들의 생명을 앗아가고 가축들을 죽이고 그의 집을 불타게 한 것도 역시 사단이었으나, 그것은 오직 하나님의 허락을 받아 행한 것이었다. 하나님께서는 그것이 결국 욥에게 유익한 일이 되게 만드셨다.

사단은 이 세상의 지배자인 동시에 이 세상을 둘러싸고 있는 상층 대기의 왕이다(요한복음 12:31; 에베소서 2:2). 우리는 오직 하나님의 자비로 말미암아 멸하는 악한 사자, 사단의 무한한 능력을 피할 수 있다. 마귀 및 그의 악령들과 우리를 분리시켜 주는 것은 예수의 피를 믿는 믿음이다.

만일 이스라엘 사람들의 집의 인방과 좌우 설주에 피를 뿌리지 않았다면, 각 가정의 장자들은 죽임을 당했을 것이다. 심지어 가축들까지도 그 피로 말미암아 구원을 받았다. 이것은 오늘날 십일조를 바치는 신실한 농부들을 위한 놀라운 진리이다. 당신이 믿음으로 말미암아 예수의 피가 당신의 가정과 가축들에게 유익을 준다고 믿는다면, 실제로 그렇게 될 것이며, 죽음의 사자는 당신과 당신이 소유한 것들에게 접근하지 못할 것이다.

    사람들은 가축을 위해 기도하는 것이 성경적인 일이 아니라고 말하지만, 우리는 소나 개에게 안수하여 병을 고치는 것을 본 적이 있다. 1910년 경의 일이다. 지금은 고인이 된 죤 G. 레이크는 남아프리카의 요하네스부르그의 어느 거리에서 피를 흘리며 죽어가는 말을 위해 기도하라는 도전을 받았다. 그는 그 도전을 받아들여 피흘리는 말을 위해 기도하기 시작했다. 곧 피가 멈추었고, 말은 소생하여 두 발로 일어섰다. 어떻게 하여 이런 기적이 일어난 것일까? 예수의 피를 근거로 하여 기도했기 때문이다.

    그것은 모두 "구속"이라는 단어에 귀착되는데, 그것의 의미는 "덮개"라는 뜻이다. 이스라엘 백성들이 우슬초를 취하여 자기 집의 인방과 좌우 문설주에 피를 뿌렸을 때, 하나님께서는 사단이나 악령들이 그 집에 들어가는 것을 허락하지 않으셨다. 이스라엘 백성들은 완전히 덮음을 받았다. 이를 가는 피조물인 사단은 이스라엘 백성들이 피를 사용했기 때문에 불 같이 노했다. 오늘날 많은 기독교인들이 몹시 연약하고 병들고 두려워하는 까닭은 예수의 피를 하나의 덮개로 사용하는 법을 배우지 못했기 때문이라고 생각한다.

1908년부터 1912년 사이에 있었던 신앙 부흥 기간 동안에는 예수의 피에 대한 말을 많이 했다. 당시 로스앤젤레스와 시카고에서 큰 구원 운동을 벌인 우드워드 에터 여사는 두 손을 쳐들고 서서 산 믿음으로 예수의 피를 군중들에게 뿌리곤 했다. 그녀가 저술한 책에 기록된 결과들은 굉장하다. 사람들은 공회당 앞으로 밀려나와 엎드렸으며, 많은 사람들이 앞으로 나오기도 전에 병 나음을 받았고, 많은 사람들은 방언을 했다. 그 시대에는 "우리는 예수의 피 아래 있습니다(We are under the Blood)"라는 노래를 자주 불렀다.

　대영제국에 성령이 부어졌던 초기 시대에 사람들은 예수의 피를 근거를 기도함으로써 놀라운 성령세례를 경험했기 때문에 세계 방방곡곡에서 사람들이 세례를 받으려고 몰려왔다.

　켄트 화이트 목사가 저술한 『하나님의 말씀이 다시 오심』이라는 책에는 예수의 피를 말하거나 그것을 근거로 하여 기도함으로써 그 피의 사용법에 대한 진리가 성령의 계시에 의해 갈급한 구도자에게 임했다는 기록이 있다. (그 이전까지는 예수의 피를 근거로 하여 기도하는 것의 중요성에 대해 그다지 알지 못했었다.) 심지어 철모르는 어린 소녀가 은밀하게 예수의 피를 간절히 간구하는 기도 소리를 들을 수 있었다. 아무도 그 아이에게 그것에 대해 가르치지 않았다. 그것은 성령으로부터 온 하나의 계시로서 그 아이에게 임했다. 더 많은 사람들이 이 진리를 발견하게 되면서 성령 안에서 참 세례를 받는 사람들이 크게 증가되었다.

　그런 체험을 받는 곳으로 유명해진 곳으로는 영국 선더랜드 근처에 있는 성 마리아 교회의 본당이 있는데, 그곳에서는 영국 국교회의 목사인 A. A. 보디(Boddy)가 성령 집회를 인도하고 있었다. 스미스 위글스워스는 그곳에서 성령 세례를 받았다.

그러나 세월이 흐르면서 예수의 피를 근거로 성령 세례를 구하는 관습은 사라지고, 그 대신 찬송이나 다른 방법이 사용되었다. 그러나 기록에 의하면 성령 세례를 받는 자들의 수가 상당히 감소되었다고 한다.

그러던 중 스코틀랜드의 킬리드에서 온 어느 형제가 그들에게 다시 한 번 예수의 피를 기리면서 성령 세례를 구하라고 강권하였다. 그의 말대로 하니 즉시 하나님의 권능이 새롭게 임했다. 사람들은 하나님의 권능 아래서 엎드려 방언을 했다. 보디 목사까지도 하나님의 능력의 감동을 받았다.

그 시대에 그처럼 놀라운 기적들이 흔히 있었다는 것이 이상한 일인가? 거룩한 치유가 엄청난 계시 안에서 임했다는 것이 기이한 일인가? 사람들이 예수의 피를 근거를 기도할 때에 마귀는 그들에게서 떠나야만 했다. 사람들이 예수의 피에게 경의를 표할 때에 마귀는 그 앞에 서 있을 수 없다.

나는 사람들이 분명하게 성령 세례를 받지 못하는 이유는 그들이 사단에게 묶여 있기 때문이라고 확신한다. 그런 경우에, 그로부터 자유함을 얻는 가장 선하고 가장 성경적인 방법은 하나님 앞으로 가서 큰 소리로 예수의 피를 예배하고 변호하며, 자신의 영혼을 활짝 열어 성령이 들어 오실 수 있게 하는 것이다.

어떤 사람은 이것이 신약 시대의 기독교인들에게는 성경적인 관습이 아니라고 주장할 것이다. 그러나 히브리서 12:24을 보면 "너희가 이른 곳은 뿌린 피니라"라고 기록되어 있다. 이것은 과거에 대한 언급이 아니라 현재의 경험을 의미한다.

예수의 피를 뿌리는 것은 신약 시대의 장자들의 교회의 제사장들인 우리의 특권이다. 예수께서 과거에 우리를 위하여 피를 뿌렸다고 믿는 것에 그치지 않고 지금 그 일을 행하는 것이다. 우리는 이제 마귀들의 악한 영들과 정사와 능력들을 맞서 싸워야 한다. 그러므로 우리는 과거에 우리를 위해 흘린 보배로운 피를 뿌리며, 사단과 악한 세력들은 물러나야만 한다. 그것들이 완강할 수도 있겠지만 기독교인들도 역시 완강해야 한다. 우리는 승리의 무기를 소유하고 있다!

원수는 완강하기 때문에 우리가 항상 쉽게 승리를 거두지는 못한다. 때때로 몇 주일이나 몇 달 동안 예수의 피로 기도하면서 싸워야 할 때도 있다. 그러나 승리는 확실하다. 요한계시록 12:11에는 어린 양의 피와 자기의 증언에 의해 사단을 이긴 성도들에 대한 기록이 있는데 실패할 가능성이 있다는 암시는 전혀 나타나 있지 않다. 그들은 승리하였다. 그들은 어린 양의 피와 자기의 증거하는 말을 인하여 승리하였다.

베드로도 역시 이러한 주제에 대해 훌륭한 가르침을 준다. 우리는 "순종함과 예수 그리스도의 피 뿌림을 얻기 위하여 택하심을 입은 자"들이다(베드로전서 1:2). 승리를 가져다 주는 것은 예수의 피에 대한 소극적인 신앙이 아니라 모든 택함을 입은 신자들이 믿음 안에서 적극적으로 피를 뿌리는 행위이다. 베드로는 이 주제에 대해서 계속하여 말하면서 우리는 "예수 그리스도로 말미암아 하나님이 기쁘게 받으실 신령한 제사를 드릴 거룩한 제사장"이라고 말했다(베드로전서 2:5).

구약 시대에 제사장들이 날마다 백성들을 대신하여 희생제사를 드린 것 같이, 신약 시대인 오늘날 우리는 우리 자신과 우리의 자녀와 사랑하는 자들, 심지어 우리의 가축을 대신하는 우리의 탄원으로서 예수 그리스도의 피를 바친다.

금 세기 초기의 작가인 누줌(Nuzum) 여사는 사랑하는 자들을 예수의 피로 덮는다는 주제에 대한 글을 많이 썼다. 우리 가정에서도 지난 20년 동안 이 관습이 효과를 발휘했다. 그러한 관습의 효능을 증거하는 사람들이 많이 있다. 예수의 피를 덮개로 사용하는 일을 실천하는 사람들에게는 큰 마음의 평화와 놀라운 기도의 응답이 임했다.

멸하는 자는 이와 같은 예수의 핏줄이 설치된 곳에는 잠입해 들어오지 못한다. 그러나 안타깝게도 많은 사람들은 "사단은 예수의 핏줄을 통과할 수 없다"는 막연한 가르침은 받아왔지만 "만일 우리가 예수의 핏줄을 못 본체 한다면, 사단은 그것을 통과할 수 있고 또 통과한다"는 가르침은 받지 못하였다.

그러면 어떻게 하는 것이 그것을 못본 체 하는 것인가? 불순종이다.

우리가 고의적으로 불순종한다면, 우리는 예수의 피 아래 있다고 주장할 수 없다. 베드로는 우리가 순종함과 피 뿌림을 얻기 위해 택함을 받는다고 말한다. 하나님의 말씀에 대한 순종이 없이 예수의 피를 뿌리는 것은 우리에게 전혀 유익이 되지 못한다. 만일 유월절날 밤에 어느 이스라엘 사람이 단 1초 동안이라도 집 밖으로 나왔다면, 그 순간에 피가 그를 덮어 보호해주지 못했기 때문에 그는 피가 보이는 곳에서 죽임을 당했을 것이다. 그는 피를 믿었지만 순종함으로 그것을 존중하지 못한 사람이라고 할 수 있다. 마찬가지로 신약에서는 우리가 믿음과 순종으로 예수의 피를 뿌려야 한다고 분명히 말하고 있다.

제5장

붉은 줄

여리고 성에 살았던 기생 라합과 두 명의 이스라엘 정탐꾼의 이야기는 피로 말미암는 구원에 대한 훌륭한 기사이다(여호수아 2장). 이스라엘은 악한 도시 여리고를 공격하여 함락시키라는 명령을 받았다. 왜냐하면 그 성읍은 완전히 죄에 물들어 있었기 때문이다. 초기 성경 시대에 몇 몇 성읍이 무척 추잡하고 타락했다는 것을 이해하지 못할 사람도 있을 것이다. 예를 들자면, 멸망을 당한 소돔은 어찌나 음탕하였든지 그 성읍의 주민들은 변태적인 성행위를 목적으로 천사들을 유혹하였다. 우리에게는 여리고 성이 소돔보다 낫다고 믿을 근거가 없다.

두 명의 정탐꾼은 기생의 집에 숨었다. 아마 그 여인은 매음을 함으로써 부모와 형제 자매를 부양했을른지도 모른다. 그녀의 오빠들이 포주였고 자매들도 같은 일에 종사했을 가능성이 많다. 그런데 이 두 명의 하나님의 자녀들은 최선의 피난처, 창녀의 집을 발견한 것이다.

하나님께서 이 악한 도시에 대한 기억을 세상의 표면에서 완전히 지워 버리시기를 원하신 것은 지극히 당연한 일이었으며, 하나님께서는 그 목적을 수행할 도구로 자기 백성인 이스라엘을 선택하셨다.

라합은 두 명의 하나님의 자녀가 도착하자 마자 회개의 필요성을 느끼기 시작했다. 그녀의 양심이 그녀를 크게 괴롭히기 시작했다. 그녀는 이스라엘의 하나님의 명성을 들은 적이 있었다. 그녀는 자기의 죄악을 대면하는 순간 하나님에 대한 믿음을 고백하기 시작했다.

"너희 하나님 여호와는 상천 하지에 하나님이시니라"(여호수아 2:11)

라합은 그들에게 자신이 살아 남을 수 있도록 도와 달라고 요청했다. 왜냐하면 그녀는 성령의 계시로 말미암아 이스라엘이 분명히 전쟁에서 승리하여 여리고를 멸하게 될 것을 알고 있었기 때문이다. 그녀는 자기의 온 가족이 살아 남기를 원했다. 그러면 그 일은 어떻게 이루어질 수 있는가? 그녀는 그들에게 "내게 진실한 표를 내라"고 요구했다.

그녀는 곧 하나님께서는 진실로 알기를 원하는 자에게 기꺼이 자신을 계시하신다는 것을 알아냈다. 그녀는 하나님의 두 자녀들의 지시에 기꺼이 따랐으며, 기꺼이 하나님 안에서 새로운 믿음의 생활을 시작하려 했다. 그렇기 때문에 두 정탐꾼은 이스라엘의 하나님을 두고 그녀와 그녀의 부모와 형제와 자매들—여리고 성 위에 있는 라합의 집에 살고 있는 온 식구들을 살려 주겠다고 약속했다.

라합의 믿음 때문에 세상이 세워질 때부터 죽임을 당한 하나님의 어린 양이 이 불쌍한 기생과 범죄한 그녀의 가족들에게 효험을 발휘하게 되었다. 아마 당신은 그런 여인이 구원을 받았다는 것을 이상하게 여길른지도 모르지만, 하나님께서 죄인들을 다루시는 태도는 항상 불가사의하다. 예수는 처세술에 능하고 독선적인 사람들에게는 전혀 매력을 느끼시지 않는다. 예수는 의사를 필요로 하는 사람들에게 오셨다. 이 불쌍한 여인은 자신에게 하나님이 필요하다는 것을 알고 있었으므로 하나님은 즉시 그녀를 용서하려 하셨다.

두 정탐꾼은 애굽에 있을 때에 자기 집의 인방과 좌우 설주에 뿌린 피가 자기들에게 표적으로 주어졌었다는 것을 기억했다(출애굽기 12:13). 그것은 이미 아버지의 마음 속에서 흘린 예수의 피에 대해 말하는 것이었다(요한계시록 13:8). 아마 이 정탐꾼들은 할 수만 있었다면 어린 양을 잡아 그 피를 라합의 집에 뿌렸을 것이다. 그러나 그렇게 할 시간이 없었다. 그들이 여리고 성에 들어온 것을 안 여리고 성의 임금이 그들을 추적하고 있었다.

어린 양을 잡고 모세가 행한 것처럼 행할 시간이 없었기 때문에 그들은 라합에게 말하기를, "우리가 이 땅에 들어올 때에 우리를 달아 내리운 창에 이 붉은 줄을 매고 네 부모와 형제와 네 아비의 가족을 다 네 집에 모으라"고 말했다(여호수아 2:18). 만일 그녀가 그대로 행한다면, 즉 피를 상징하는 전형을 존중한다면, 그녀의 온 집이 보호받을 것이며, 비록 여리고 성 안에 있는 모든 사람이 죽임을 당할지라도 그녀가 사랑하는 식구들은 살아남을 것이라고 말했다. 그러나 거기에는 한 가지 조건이 있었다. 즉 그들은 "다 네 집에 모으라. 누구든지 네 집 문을 나서 거리로 가면 그 피가 그의 머리로 돌아갈 것이라"고 말했다. 그러나 집 안에 머무는 자, 피 아래 있는 자들에게는 절대적인 보호를 약속했다.

이것은 두 정탐꾼의 놀라운 믿음을 보여준다. 그들은 지극히 놀라운 일을 예언적으로 약속할 수 있었다. 그들은 피에 대한 믿음을 가지고 있었다! 성경은 라합이 완전한 믿음과 성실함으로 그들의 명령을 지켰다고 말해준다.

"라합이 가로되 너희의 말대로 할 것이라 하고…붉은 줄을 창문에 매니라"(여호수아 2:21)

그렇다. 핏줄이 있으면, 멸하는 자, 사단이 통과하지 못한다. 당신은 핏줄을 그곳에 매고 있는가?

우리는 여리고성이 함락된 이야기를 아주 잘 알고 있다. 이스라엘 사람들은 선두에 나팔수를 세우고 칠일 동안 여리고 성 주위를 돌았다. 칠일째 되는 날에는 성 주위를 일곱 번 돌았다. 그 때 하나님께서 자신이 맡으신 일을 행하였다. 당신이 스스로 해야한다고 알고 있는 일을 다하기 전에는 하나님께서 자신이 맡으신 일을 하리라고 기대하지 말라.

하나님께서는 지진을 일으키셨으며, 그로 인하여 여리고성은 무너졌다. 그 때 이스라엘 사람들은 성 안에 들어가 불을 지르고 도처에서 사람들을 죽였다. 그러나 라합의 집이 있는 성벽은 파괴되지 않았고 그녀의 집은 그대로 남아 있었다. 그녀는 가족들과 함께 살아서 그 집에서 걸어나와 하나님의 백성들과 합류했다. 이방인들이었지만 이스라엘의 하나님을 믿는 믿음으로 말미암아 이스라엘의 집에 들어갈 수 있게 되었고 예수의 피가 그들에게 효력을 발휘했다.

만일 라합이 정탐꾼들의 말에 완전히 순종하지 않았다면 그녀와 온 가족은 멸망했을 것이다. 그들을 구원한 것은 핏줄을 상징하는 표적이었다. 하나님께서는 이 붉은 줄을 보셨을 때 그 집을 넘어가셨으며 멸하는 자가 그 집에 들어가지 않았다. 그것은 정말로 큰 기적이었다! 라합은 소극적인 믿음이 아니라 열매를 맺는 적극적인 믿음으로 피를 사용했다.

이보다 몇 해 전, 대제사장을 임명하는 위임식 때에 그의 오른 귓부리와 오른 손 엄지 가락과 오른 발 엄지 가락에 피를 발랐다(레위기 8:24). 이리하여 이스라엘 사람들은 사람이 귀로 들은 모든 것과 손으로 행하는 모든 일과 의무들을 행하는 중에 가는 모든 곳을 피가 깨끗하게 한다는 가르침을 전형(典型)을 통해서 받은 것이다. 비록 그가 악의 소굴로 걸어 들어갈지라도 피는 그의 생각과 행위, 그리고 그가 가는 모든 곳에 사단이 접근하지 못하게 막아줄 것이다.

우리의 몸이 성령의 전이며 부정한 것을 만져서는 안된다는 바울의 가르침(고린도후서 6:16)을 기억한다면, 우리가 대제사장이신 예수의 자녀로서 그의 보배로운 피를 우리의 귀와 손가락과 발가락에 바를 수 있으며 우리의 모든 생명—영과 혼과 몸—이 주님이 오실 때까지 흠없이 보존될 것이라는 것을 깨닫는 것은 흥미있는 일이다(데살로니가전서 5:23).

거듭 말하지만, 나는 많은 기독교인들이 질병과 되풀이 되는 죄로 인해 비참한 생활을 하고 있는 까닭은 예수의 피에 대한 소극적이고 신학적인 믿음을 벗어나 그 피를 사용하고 뿌리고 간구하며 믿음으로 그 피를 바를 때에는 모세나 여호수아의 시대처럼 오늘날도 효험이 있다는 것을 인식하는 적극적인 믿음을 가져야 된다는 것을 깨닫지 못하고 있기 때문이라고 확신한다.

예수의 피가 우리를 덮으며 우리가 그것을 알 때, 그리고 우리가 믿음으로 그것을 우리 마음과 생활과 가정과 사랑하는 자들 위에 둘 때, 우리는 사단이 통과할 수 없는 상태를 만들어낸다. 이것은 지옥에 있는 모든 마귀들이 꿰뚫지 못하는 물질이다.

그러나 자동적으로 그런 결과를 이루어내는 것은 아니다. 구원은 자동적인 것이 아니다. 육체의 치료도 자동적인 것이 아니다. 하나님의 약속은 자동적으로 얻어지는 것이 아니다. 모든 약속들은 믿음으로 말미암아 얻어지며 그 믿음을 지속함으로써 유지된다. 예수의 피에 대한 믿음이 연약해지면 안된다. 예수의 피 속에는 어떤 사람도 상상치 못하는 능력이 있다.

1945년 우리 집에 셋째 아들이 태어났다. 아내는 아기에게 손수 만든 뜨거운 죽을 먹였는데, 물이 끓는 온도보다 더 높은 온도(212°F)에서 이것을 데웠다. 하루는 그녀가 한 손에는 죽이 담긴 컵, 다른 손에는 끓는 물이 담긴 커다란 주전자를 들고 서둘러 이층으로 올라가다가 계단에서 넘어졌다. 그녀는 끓는 물에 다리를 데지 않으려는 생각으로 간신히 주전자를 안전하게 계단에 내려 놓았지만 그만 뜨거운 죽을 엎질렀는데, 그것이 그녀의 팔에 쏟아져 팔꿈치까지 흘러내렸다. 펄펄 끓는 죽이었기 때문에 심한 화상을 입어 피부가 벗어졌으며 염증이 생길 것 같았다.

그런데 아기를 목욕시키고 먹을 것을 먹여야 하는데 도와줄 사람이 없었다. 그래서 아내는 예수의 피가 자기의 다친 팔에 발라진다고 믿고 큰 소리로 여러 번 예수의 피를 간청하기 시작했다. 몇 분이 지나니 고통이 사라졌으므로 그녀는 아기에게 죽을 먹이고 목욕을 시킬 수 있게 되었다. 그날 밤, 그녀의 팔을 보니 화상을 입었던 곳에 동전 크기만한 빨간 흔적만 남아 있었다. 다음 날 아침에 보니 빨간 흔적마저 없어져 마치 전혀 화상을 입은 적이 없었던 것 같았다.

우리는 육체에 가해지는 모든 손상을 만들어내는 주인공은 사단이라는 것을 기억해야만 한다. 악마들은 우리 몸에서 상처 입은 곳을 공격하고, 우리 주위에 있는 세균들이 상처에 침입하여 파괴적이고 유독한 사역을 행하게 만든다. 그러나 우리가 믿음으로 예수의 피를 바르면, 그 피는 사단이 세균과 더불어 우리를 공격하지 못하게 하는 덮개 역할을 하므로 우리 몸 안에 있는 자연적인 치료의 과정이 빨리 진행된다. 왜냐하면 사단이 그 과정들을 방해하지 못하기 때문이다. 예수의 피는 세상에서 가장 훌륭한 덮개이며 살균제이다. 그것은 완전한 것이다.

언젠가 우리가 캐나다를 여행하고 있을 때 예수의 피의 능력이 분명하게 나타났었다. 우리 차에는 젊은 신혼 부부가 함께 타고 있었는데, 우리는 그들을 토론토로 데려다 주어야 했다. 우리는 그들에게 예수의 피로 간구하는 것과 관련된 진리들을 이야기 해주었다.

우리가 빗속을 달리는 동안, 하나님께서는 우리의 생명을 구하기 위해 이 진리를 증명하실 계획을 가지고 계시다는 것을 우리는 전혀 알지 못했다. 우리는 오르막길을 달리던 중 길이 패인 곳에 이르렀는데, 자동차 뒷바퀴가 헛돌았다. 자동차는 문자 그대로 전우 상하로 움직이며 엉뚱한 곳으로 미끌어지고 있었는데, 우리는 속수무책이었다. 설상가상으로 맞은 편에서 자동차 세 대가 시속 60마일의 속도로 달려오는 것이 보였다. 우리는 무서운 충돌을 피할 수 없는 상황에 처해 있었다.

그 때 우리는 큰 소리로 예수의 피를 간구하기 시작했다. 뒷 좌석에서 잠자고 있었던 신혼 부부들은 잠에서 깨어나 무엇인가 잘못되었다는 것을 깨달았다.

그 때 주님의 사자가 한 몫을 한 것 같았다. 갑자기 헛바퀴 돌던 뒷바퀴가 제대로 구르기 시작하더니 자동차는 제 길로 들어섰다. 그런데 자동차의 앞 바퀴가 도로에서 벗어나 풀이 무성한 개천에 빠지고 말았다. 우리는 개천에서 빠져 나오려고 해보았지만 비가 왔기 때문에 너무 미끄러워서 그만 그곳에 쳐박히고 말았다.

이제 어떻게 해야 한단 말인가! 마주 오는 자동차들과의 충돌은 피했지만 개천에 빠진 것이다. 하나님께서 자기의 종들을 위해 일을 하셔야할 때였다. 하나님께서는 "환난 날에 내게 부르짖으라. 그리하면 내가 너희를 구하리라"고 말씀하셨으므로, 우리는 그대로 했다.

곧 두 사람이 낡은 자동차를 타고 그 길로 올라왔다. 우리는 아무 말도 하지 않았다. 그러나 그 중 한 사람이 "우리가 자동차를 꺼내 주겠습니다"라고 말했다. 그들은 트렁크에서 쇠사슬을 꺼내어 우리 차에 묶더니 안전하게 꺼내 주었다. 우리는 몸이나 자동차에 흠집 하나 없이 안전하게 죽음에서 구함을 받았다. 그 이유는 무엇인가? 우리가 믿음으로 예수의 피를 간구했기 때문에 그 피가 우리를 덮었기 때문이다.

제6장

예수의 피의 가치

예수의 피의 가치를 평가한다는 것은 불가능한 일이다. 그것은 무한히 귀한 것이다! 고린도전서 6:20과 7:23을 보면 우리는 값 주고 산 것인데, 우리를 사기 위해 치른 값은 예수의 피다. 베드로는 그 피가 보배롭다고 했다. 당신은 그가 "너희가 알거니와 너희 조상의 유전한 망령된 행실에서 구속된 것은 은이나 금 같이 없어질 것으로 한 것이 아니요 오직 흠 없고 점 없는 어린 양 같은 그리스도의 보배로운 피로 한 것이니라"라고 말한 것을 기억하지 못하는가(베드로전서 1:18-19)?

솔로몬이 모리아산 위에 세운 성전을 봉헌할 때, 엄청나게 많은 동물들이 죽임을 당했다. 언약궤를 성전에 모시기 전에 희생 당한 양과 소의 수는 기록할 수도 없고 셀 수도 없이 많았다고 한다(열왕기상 8:5; 역대하 5:6). 열왕기상 8장을 보면, 그 후에 모든 이스라엘 백성을 위하여 화목제를 드렸는데, 소 이만 이천 마리와 양 십 이만 마리를 드렸다고 기록되어 있다.

> "이와 같이 왕과 모든 이스라엘 자손이 여호와의 전의 낙성식을 행하였는데"(열왕기상 8:63)

우리는 레위인들이 가장 좋은 동물들만 제물로 받았다는 것을 기억해야 한다. "이등품"들은 결코 제물이 될 수 없었다. 이것은 어리석고 현명치 못한 일이며 낭비인 것처럼 보이지 않는가? 양 한 마리나 값싼 어린 양이면 충분하지 않겠는가? 물론 하나님께서 마음만 먹으시면 한 마리 어린 양으로도 세상 죄를 제거하신 하나님의 어린 양을 충분히 상징할 수 있었을 것이다.

그러나 실제로는 그렇지 않았다. 값 비싼 소 이만 이천 마리와 양 십 이만 마리가 죽어야만 했다. 나는 하나님께서는 예수의 피의 가치는 돈이나 양으로 측량할 수 없다는 것을 우리에게 가르쳐 주시려 했다고 생각한다. 구약시대에 제물로 드린 동물의 피가 아무리 많아도 당신의 죄와 나의 죄를 대속할 수는 없었을 것이다.

구속의 날에 기드론강에는 여러 날 동안 동물들의 피가 흐를 것인데, 이것은 예루살렘 주민들로 하여금 하나님께서 자기 아들을 죽게 하실 때에 영원토록 흐를 샘을 열어 놓으셨다는 것을 기억하게 할 것이다(스가랴 13;1). 이것은 끊임 없이 흐르는 강이라고 묘사되는데, 우리가 날마다 이 강에서 죄와 질병과 슬픔을 씻어낼 것이다. 이 강은 사단과 그의 군대 앞에서 영원히 흐를 것이며, 우리가 예수의 피를 기리고 노래하고 전파하고 큰 소리로 그것을 간구할 때에 예수의 피는 자비와 용서와 죄 사함과 치료와 보호와 구원과 많은 기쁨과 평

화를 하나님께 호소한다.

역사적으로 과거 예수께서 갈보리 언덕에서 피를 흘리셨다는 것을 믿는 것만으로는 부족하다. 우리는 지금 그 샘을 믿으며, 믿음으로 그것의 능력과 생명을 이용해야 한다. 사랑은 말로 그치지 않고 행동으로 표현되어야 하듯이, 예수의 피는 사용되어야 한다. 무기는 원수에게 공포를 가져다 주기 위해 사용되어야지 무기고 속에 들어 있어서는 아무 소용이 없다. 무기를 사용하지 않는 주님의 군대는 무력하다. 이 무기들은 견고한 진을 파괴할 만큼 강력한 것들이다(고린도후서 10:4). 그것들은 성령의 검(이것은 하나님의 말씀이다)과 예수의 피이다. 요한계시록 12:11에는 "여러 형제가 어린 양의 피와 자기의 증거하는 말을 인하여 저(사단)를 이기었다"고 기록되어 있다. 우리에게는 하나님의 말씀과 예수의 피가 필요하다.

우리는 솔로몬 왕이 드린 피의 제사가 희생제사를 종결시키지 않았다는 것을 기억해야 한다. 그 당시 백성들에게 현재의 피의 능력과 효험을 상기시키기 위해 날마다 희생 제사를 드렸다. "어제 사용하고 남은 것"들은 제물로 드릴 수 없었다.

만나와 관련해서도 동일한 사상을 얻을 수 있는바, 그것은 하나님의 말씀을 말하는 것이다. 만나는 그 날 거둔 것만 먹을 수 있었다. 마찬가지로 오늘 예수의 피는 죽어 부패한 것이 아니라 신선하고 향기롭다. 날마다 피를 흘리는 것은 우리로 하여금 하나님께서 피를 얼마나 중요하게 여기시는지 절실하게 느끼게 해준다.

"피흘림이 없은즉 사함이 없느니라"(히브리서 9:22)

피를 흘려 드린 희생제물들의 수는 막대했는데, 이것은 우리에게 하나님의 어린 양의 피의 막대한 가치와 의미를 증명해 주는 것이 되어야 한다. 매년 속죄일에 속죄양을 사람이 살지 않는 광야로 몰아내는 것은 친히 죄의 저주와 정죄를 짊어지신 그리스도의 전형으로서 의미를 지닌다(레위기 22장).

속죄를 위한 제물들은 최초의 인간의 타락으로 말미암아 하나님과 인간 사이의 언약이 파기되었음을 나타냈다. 우리는 하나님과 인간은 오직 피에 의해서만 화목할 수 있다는 가르침을 받는다. 과거 큰 절기나 특별한 안식일에는 번제를 드렸으며, 안식일에는 두 번 태운 번제를 드렸다. 이 모든 것들은 피를 흘림으로써 자기의 생명을 완전히 포기하신 예수 그리스도, 우리를 대신하여 완전한 제물이 되신 그리스도, 우리를 대신하여 고난이라는 불 속에서 타버린 그리스도를 상징하는 전형들이다.

예수의 피의 가치는 매년 유월절을 지키기 위해 죽이는 어린 양의 숫자에 의해서도 알 수 있다. 매년 이 절기가 되면 각 가정의 가장들은 여호와께 어린 양을 제물로 가져오곤 했다. 요세푸스(『유대 전쟁기』 VI. 9, 3)의 말에 의하면, 한 마리의 유월절 양을 함께 먹을 수 있는 최소한의 사람의 수는 열 명이고, 최대한의 숫자는 20명이었다고 한다. 만일 평균적으로 온 나라에서 15명마다 양 한 마리를 잡았다고 가정한다면, 이스라엘 백성이 애굽을 나올 때, 애굽의 속박이 피

앞에서 물러나던 역사적인 밤에 이백 오십 만 명을 대신하여 십 육만 마리 이상의 양이 죽임을 당한 것이다.

솔로몬이 통치하던 시절, 인구는 오백 만 명, 혹은 육백 만 명이었다. 그러므로 모든 백성들이 함께 먹을 수 있게 하려면 어림잡아 약 사십 만 마리 이상의 양을 잡아야 했을 것이다.

만일 오늘날 우리가 매년 제물로 그처럼 많은 짐승들을 드려야 한다면 가난한 우리의 농부들은 무엇이라고 말할 것인가? 그러나 하나님께 감사하라. 고린도전서 5:7을 보면 "우리의 유월절 양 곧 그리스도께서 희생이 되셨느니라"라고 말하고 있다. 이제 우리는 더 이상 15명을 대신하여 한 마리 양을 잡아 그 피를 우리의 죄와 질병을 대신하여 드리지 않아도 된다. 왜냐하면 그리스도께서 우리를 대신하여 유월절 양이 되셨기 때문이다. 우리는 이제 주님의 희생을 받아들이며 믿음으로 그 피를 드린다.

만일 예수의 이름을 부르는 모든 기독교인들이 매일 큰 소리로 예수의 피를 간구한다면, 사단의 나라에는 큰 재앙이 임할 것이며 교회와 국가 안에서는 큰 구원을 느끼게 될 것이다.

그러나 예수의 피를 간구하여 얻은 구원은 관련된 당사자들이 그 구원을 유지하기 위한 조건들을 충족시킬 때에만 유지될 수 있다. 내가 미시간주 캐딜락에서 특별 집회를 인도하고 있을 때 이 사실을 증명해 주는 흥미 있는 일이 일어났다. 어느 날 밤, 어느 자애로운 부인이 네살 짜리 여자아이를 데리고 왔다. 그 아이는 지독한 사팔뜨기였다. 그 부인은 "화이트 목사님, 이 아이의 부모는 믿지 않는 사람들입니다. 이 아이의 눈을 위해 기도해 주시겠습니까? 만일 하나님께서 이 아이의 눈을 고쳐 주신다면, 부모들이 깨우칠 수도 있을 것입니다"라고 말했다.

그래서 우리는 그 아이의 안경을 벗기고 그 아이를 위해 기도했다. 나는 예수의 피를 힘입어 간구함으로써 그 아이의 불행을 제거했다. 즉시 그 아이의 눈이 정상이 되었으며, 그곳에 있던 모든 사람들이 그 일을 목격하고 놀랐다. 그 어린 소녀가 교회를 이리저리 아장 거리고 다니면서 "이제 모든 것이 하나로 보여요"라고 말할 때 교회 안에 있던 사람들의 눈에는 눈물이 고였다.

이 친절한 부인은 그 아이를 믿지 않는 부모에게로 데리고 가서 그 동안에 있었던 일을 이야기했다. 그러나 그들은 그것을 믿지 않으려 했다.

그 아이의 아버지는 아이에게 "어서 안경을 다시 쓰거라. 우리는 그런 허튼 소리를 믿지 않는다"라고 말하면서 억지로 안경을 쓰게 했다. 그들은 자신의 불신앙 때문에 그 어린 아이의 신앙을 파괴했고, 얼마 후 그 아이는 다시 사팔뜨기가 되었다.

그러므로 구원은 오직 예수의 피 아래서 보존해야 한다는 것이 분명해진다. 우리가 믿음과 순종으로 예수의 피 아래 거하기만 한다면, 사단은 그 핏줄을 꿰뚫을 수 없다. 그러므로 우리가 예수의 피는 무한히 귀하다고 말하는 것이 당연하다.

1,500년에 걸친 구약 시대에 이스라엘 백성들이 동물을 희생제물로 드리면서 흘린 피의 양을 계산한다는 것은 불가능하다. 그 시대에

는 피 흘려 드리는 제물을 근거로 하지 않는한 하나님에게서 아무 것도 얻을 수 없었다. 오늘날에도 인간의 영과 혼과 몸을 위한 치료의 샘으로서 흐르는 예수의 피를 근거로 하지 않는한 우리는 아무 것도 얻지 못한다.

예수께서는 부활하신 직후 다른 사람에게 나타나시기 전에 먼저 마리아에게 나타나셔서 "나를 만지지 말라 내가 아직 아버지께로 올라가지 못하였노라"고 하셨다(요한복음 20:17). 이스라엘의 법에 의하면 대제사장이 짐승의 피를 가지고 성소에 들어가기 직전에는 사람들이 그를 만질 수 없었다. 그가 속죄소에서 피를 제물로 드리고 영접하심을 받은 후에야 평민들이 그를 만질 수 있었다.

마찬가지로 대제사장이신 예수께서 승천하여 하나님의 보좌 앞에 자기 제물을 드리기 전에는 인간의 손으로 만질 수 없었다. 우리는 때때로 이 일이 마리아에게 나타나신 후 며칠이 안되어 있어났다고 가정한다. 왜냐하면 예수께서는 며칠 후 다른 제자들에게 나타나셨을 때에 "나의 손과 발을 보고 나인줄 알라 또 나를 만져보라 영은 살과 뼈가 없으되 너희 보는 바와 같이 나는 있느니라"라고 말씀하셨기 때문이다(누가복음 24:39). 이 말씀으로 보건대 그 때에는 분명히 예수의 피 뿌림이 완전히 이루어졌었다.

우리는 대제사장이 일 년에 한 번 피를 가지고 성소에 들어갔다는 것을 안다(히브리서 9:7-14). 만일 대제사장이 피가 없이 성소에 들어갔다면 그는 즉시 죽었을 것이다. 속죄소 앞에서 제물을 바치고 피를 뿌리면 하나님의 임재의 영광이 어두운 방을 밝혔다. 그 때에 하나님은 속죄소 위에서 대제사장과 말씀하셨다(출애굽기 25:22).

우리는 이 전형의 성취로서 예수께서 "염소와 송아지의 피로 아니하고 오직 자기의 피로 영원한 속죄를 이루사 단번에 성소에 들어가셨느니라"고 하신 말씀을 알고 있다(히브리서 9:12). 예수께서 자기의 보배로운 피를 갈보리 언덕에서 하늘나라로 어떻게 옮겼느냐 하는 것은 우리 인간들로서는 이해하지 못한다. 그러나 성경은 예수께서 그 전형을 성취하셨으며, 따라서 하늘나라에 있는 속죄소(보좌) 위에 자기의 피를 뿌렸다는 것을 보여준다. 하나님께서는 이 피를 받으셨다. 예수의 보배로운 피가 아닌 다른 희생제물로는 부족했을 것이다.

이제 우리는 언제라도 우리가 원하기만 하면 곧바로 하늘나라 성소에 들어갈 수 있다. 하나님의 구원이나 성령 세례가 필요할 때에는 우리는 언제라도 하늘나라 성소에 들어갈 수 있다. 그러면 어떤 방법으로 들어가는가? 예수의 피가 없이도 들어가는가? 절대로 들어가지 못한다. 우리는 예수의 보배로운 피를 가져야만 들어갈 수 있다.

> "그러므로 형제들아 우리가 예수의 피를 힘입어 성소에 들어갈 담력을 얻었나니…우리가 마음에 뿌림을 받아 양심의 악을 깨닫고 몸을 맑은 물로 씻었으니 참 마음과 온전한 믿음으로 하나님께 나아가자"(히브리서 10:19-22)

제7장

예수의 피로 간구하는 법

1908년, 혹은 1909년 대영제국에 성령이 부어지기 시작했을 때, 많은 독립된 집회들이 생겨났다. 이 집회들 속에는 새로운 영적 생활과 능력의 증거들이 많았다. 그러나 이러한 집회들을 연결해주는 합법적 조직이 없었기 때문에 각각의 기독교인들은 오직 성령의 움직이심과 그의 다양한 은사와 작용을 의지하는 법을 배웠다. 성령께서는 매우 특이한 방법으로 움직이기 시작하셨다. 왜냐하면 이 기독교인들을 규제할 의회가 없었기 때문이다.

성령 세례를 받은지 얼마 되지 않는 많은 신자들은 하나님의 임재의 영광이 그들에게 머물고 있었기 때문에 자기들의 심령을 괴롭히는 모든 것—구원받지 못한 친척들, 가정의 환난, 국가의 환난—들을 위해 예수의 피를 근거로 간구하는 기도를 강력하게 반복했다. 그들은 자신이 하나님의 보좌에 접근할 수 있다는 것을 깨달았기 때문에 예수의 피를 가지고 담대하게 그곳으로 나아갔다. 성령 세례를 구하는 사람들은 특히 이렇게 함으로써 도움을 받았다. 또 많은 사람들은 예수의 피를 근거로 간구하는 것은 기도의 응답을 받지 못하게 방해하려는 악령들을 대적하는 강력한 무기가 된다고 믿었다.

    당신은 "그러한 관점이 성경적인가?"라고 묻고 싶을 것이다. 다니엘이 자기 백성들의 해방을 위해 기도할 때, 천사장 미가엘과 가브리엘이 하늘나라에서 그것을 성취하기까지 그가 세 주일 동안 무릎을 꿇고 기도로 싸워야 했던 일을 우리는 잊어서는 안된다. 오늘날도 마찬가지이다. 우리는 종종 기도의 응답을 받기 전에 보이지 않는 악마의 군대와 싸워야 한다. 예수의 피를 근거로 간구하는 일은 종종 하나님의 응답을 지체시키는 악한 영적 군대들을 당황하게 하고 놀라게 만들 것이다. 우리는 예수의 피를 가지고 간구하는 것이 모든 중보기도 중에서 가장 중요하다고 믿는다.

    어떤 사람이 큰 소리로 예수의 피를 근거로 간구하기 시작할 때, 그것을 대적하는 사람들이 있을 것이다. 예수의 피를 힘입어 간구하는 것은 배교자를 자극하며 십자가에 못박지 않은 정욕적인 신자들의 몸을 노하게 한다. 그러나 이러한 반대에도 불구하고 예수의 피를 사용하면 교회나 기도 모임을 깨끗하게 하며 성령의 은사들이 작용할 수 있는 길을 트게 될 것이다. 오, 예수의 피의 능력이여!

    주님은 갈보리 언덕에서
    다섯 개의 피 흐르는 상처를 입으셨으니
    그 상처들은 효과적인 기도들을 쏟아냅니다
    그 상처들은 나를 의해 강력하게 간구합니다
    '오, 그 사람을 용서해 주십시요, 용서해 주십시요.'
    '저 속죄 받은 자를 죽이지 마십시요"라고 외칩니다.

아버지께서 그의 기도를 들으십니다
기름부음을 받은 자,
사랑하는 아들의 기도를 들으십니다.
아버지는 자기 아들 앞에서 얼굴을 돌리지 못하십니다
성령께서는 아들의 피에 응답하시며
내가 하나님께로서 난 자라고 말씀해 주십니다.

예수의 생명은 그의 피 속에 있으므로, 만일 우리가 그것을 간구하고 존중하고 뿌리며 찬송한다면 우리는 실제로 신적 생명을 우리의 예배 안에 도입하는 셈이 되며, 우리의 기도와 소망은 예수의 생명과 능력으로 가득찬다. 물론 사단은 예수의 피에 대한 실질적인 가르침을 억제하려고 온 힘을 기울일 것이다. 그는 무엇보다도 예수의 피를 미워한다.

아마 당신은 악령의 지배를 받는 불신자들이 예수의 이름을 모독하는 것을 본 적이 있을 것이다. 그러나 당신은 악마의 지배를 받고 있는 사람이 예수의 피를 모독하는 말을 들은 적이 있는가? 아마 듣지 못했을 것이다. 왜냐하면 악마들은 예수의 피에 대한 말을 할 수 없으며 하지않으려 하기 때문이다. 내 경험으로 보건대 사람이 예수의 피를 근거로 큰 소리로 기도하지 못하는 것은 그에게 구원에 대한 강력한 기도들이 필요하다는 징조이다. 왜냐하면 그를 구속하고 있는 영은 그가 "예수의 피"를 말하는 것을 허락하지 않으려 하기 때문이다.

여기에서 나는 성령 세례를 받기 위해서 예수의 피를 근거로 간구하는 일의 중요성을 강조하려고 한다. 나는 그것을 강조해야만 한다. 왜냐하면 많은 상이한 집단들마다 각기 상이한 절차들을 규정하고 있으며, 많은 갈급한 사람들이 온갖 방법들을 시도해 보았지만 아직도 성령 세례를 받지 못하고 있기 때문이다. 이상하게도 우리는 하나님의 자비하심과 예수께서 흘리신 피를 떠나서는 하나님으로부터 아무 것도 받을 수 없다는 것을 망각하고 있다 !

영국 선더랜드 지방의 보디 목사는 노르웨이에서 배릿(Barret)목사의 인도 하에 진행된 집회를 마치고 돌아오면서 말히가를, 이처럼 사람들이 예수의 피를 근거로 간구함으로써 쉽고 아름답게 성령 세례를 받는 것을 유럽의 다른 지역에서는 보지 못했다고 말했다. 그는 자기 교회에서 열린 집회에서 이 방법을 도입하였으며, 사람들은 예수의 피를 근거로 간구함으로써 성령 충만을 체험하기 위해 대서양을 횡단하는 여행을 하기까지 했다. 그 당시 사람들은 그 외의 다른 방법으로는 성령을 받지 못했다.

나는 광신적인 사람들이 성령 세례를 받는 방법이라고 소개하는 많은 방법들이 성경적인 것이 아니라는 것을 깨닫고 있다. 어떤 사람은 시끄럽게 떠들수록 더 많은 능력을 얻을 것이라고 말하며, 또 어떤 사람들은 육체적인 흥분을 일으키고 하나님의 관심을 끄는 방법으로서 의자나 마루 바닥을 쿵쿵 구르는 것을 강조하기도 했다. 어떤 사람은 사람들이 의도적으로 마루바닥에서 구르는 것이 하나님을 기쁘게 한다고 생각하기도 한다.

이런 생각들은 지나친 것이며, 이로 인해 성령의 사역에 대한 큰 비난을 초래했다. 물론 성령이 임하시면 사람들이 "하나님의 권능 아래서" 마루 바닥에 쓰러지는 일이 있다는 것을 인정한다. 그러나 이것은 성령 세례를 받기 위해 고의적으로 바닥에 넘어지는 것과는 전혀 다른 것이다.

성령 세례를 받기 위해 오래 기다리고 기도하고 번민하고 간구할수록 간구하는 자에게 유익하다는 말을 들은 적이 있다. 왜냐하면 그것은 다른 신령한 근행이 할 수 없는 일을 그의 내면에서 이루어내기 때문이다. 그러나 우리는 이렇게 추론하는 과정에서 성령 세례는 값없이 주시는 은사라는 것을 망각하고 있지는 않은가?

이제 이 문제에 대한 성경의 가르침을 살펴 보기로 하자. 성령 안에서 세례를 주시는 분은 누구신가? 다름 아닌 예수 자신이시다(마태복음 3:11). 그러면 예수는 어디에 계신가? 그 분은 하늘나라에서 아버지의 우편에 계시다(베드로전서 3:22). 그러므로 만일 우리가 아무 공로 없이 값 없이 주시는 은사를 받으려 한다면, 우리를 위해 그것을 획득하셨으며 믿음으로 구하는 모든 자에게 지체없이 주실 분에게로 나아가야 한다. 만일 그 일에 있어 지체함이 있다면, 그 원인은 인간 편에 있는 것이지 주님 편에 있는 것은 아니다. 기다려야 한다고 생각하면서 접근하는 것은 완전히 잘못된 것이다. 성경에서는 모든 신자들은 지금 임금이요 제사장이며(요한계시록 1:6), 또 우리 자신이 원할 때에는 언제라도 들어갈 수 있다고 가르친다. 대기자 명단이라는 것은 없다. 그러나 우리는 반드시 예수의 피를 가지고 들어가야 한다.

나는 성령 세례를 원하는 사람들이 그것을 받은 간단한 방법을 알려 주려 한다. 첫째, 몸에 있는 모든 근육의 긴장을 완전히 푸는 것이 중요하다. 성령 세례는 예수의 사역이므로 우리가 긴장해야할 이유는 없다. 그 다음에는 눈을 감고 두 손을 들고 예배하고 찬미하라. 편안하게 자리에 앉아서 입으로 예수의 보배로운 피를 말하여 계속 간절히 간구하라. 적극적으로, 확신을 갖고 나아가라.

물론 우리가 하나님의 아들의 피를 근거로 간구하기만 하면 아들 앞에서 우리를 영접해 주실 거룩하신 하나님에 대한 경외심을 갖고 단순하고 경건한 믿음으로 이 일을 해야 한다. 이러한 접근 방법은 놀라운 결과들을 이루어낸다. 몇 초, 혹은 몇 분 안에 성령께서는 보혈의 간구에 응답하시기 시작한다. 우리를 구속하고 대적하는 영들이 물러나기 시작하며, 하늘나라와 세상 사이에 길이 만들어지며, 곧 그 사람은 하나님의 영광에 둘러싸이게 된다. 이런 사람은 성령께서 주시는 대로 방언을 하는데 이것은 지극히 자연스러운 일이다.

예수의 피에 대한 간구에 대한 계시가 처음으로 주어지고 실천되어졌을 때에는, 이 책에서 제공하는 것과 같은 가르침이 없었다. 그 주제에 관한 설교나 권면이나 논평도 없었다. 그 일은 강력하고 충동적인 성령의 능력 하에서 자연스럽게 시작되었다. 하나님께서는 자기의 능력을 나타내기를 원하신다. 그러나 그것은 우리가 예수의 피를 존중할 때에만 나타날 수 있다. 그의 생명은 예수의 피 속에 있기 때문이다.

그러므로 오늘날 예수의 보배로운 피를 존중하고 사용함으로써 하나님의 능력이 계시될 길을 깨끗하게 하면 사람들은 성령의 은사와 기적과 병 나음을 얻기 위해 그 길로 몰려든다. 예수의 피를 근거로 간구하면 놀라울 정도로 쉽게 성령 세례를 받기 때문에 어떤 사람은 그 결과를 의심하기도 한다. 왜냐하면 거기에는 전혀 육체적인 표현이 없었기 때문이다. 때때로 예수께서 물세례를 받으신 후에 성령이 그에게 임하셨다는 것을 망각하는 일이 있다. 성령은 비둘기의 형상으로, 고요히, 경건하게, 표면적인 과시가 없이 임하셨다. 그리고 즉시 하나님의 음성이 들려왔다. 예수께서는 결코 육체적으로 소리를 치거나 경련을 일으키시지 않았다. 오늘날 우리도 이러한 태도를 지녀야 한다. 예수의 피를 가지고 성소에 들어가는 자는 하나님께서 과거 솔로몬의 성전 성소에서 영광 중에 나타나셨듯이 나타나시는 것을 볼 것이며, 방언으로 하나님과 대화할 것이다.

 이런 방법으로 예수의 피를 존중하지 않는 곳, 예수의 피에 대한 응답으로 오는 불이 아닌 거짓 불을 바치는 곳에는 광신주의가 숨어들 위험이 있다. 거기에는 하나님의 영의 진정한 움직임을 손상시키는 육체적인 현상들이 병행한다. 육체적인 제물들을 근거로 할 때에는 성령이 작용하지 못한다. 그러나 예수의 피가 제물로 바쳐지는 곳에서는 진정한 성령의 움직임을 기대할 수 있다.

 로마서를 보면 예수께서 "그의 피로 인하여 믿음으로 말미암는 화목제물"로 세움을 받았다고 기록되어 있다(로마서 3:25). 우리는 예수의 피를 믿는 믿음을 발휘하라는 요청을 받고 있다. 믿음이 없이, 또는 두려움이 가득한 마음으로 예수의 피를 간구하는 것은 하나님께서 불쾌하게 여기시는 일이며, 효험이 없다. 우리는 단순하게 믿는 믿음 안에서 소리를 내어 예수의 피를 의뢰하며 기도해야 하며, 그런 기도는 가치가 있다.

한 때 자연요법(自然療法) 의사였다가 목사가 된 어느 친지가 프토마인 중독에 걸렸다. 그는 자기의 몸에 손을 놓고 20분 동안 예수의 피를 간구했다. 그는 "나는 예수의 피를 간구합니다"라고 되풀이했다. 이렇게 기도한 결과, 그를 멸하려는 사단의 노력은 붕괴되고 그는 완전히 나음을 받았다.

그저 "예수의 피"라는 단어만 거듭 아뢰는 것만으로 충분한 효력이 있다는 것을 발견하는 사람들도 있다. 거기에는 규칙이 없다. 우리가 신약 시대의 제사장들로서 믿음으로 예수의 피를 제물로 드리는 것이 좋은 결과들을 낳는 것이다. 하나님께서는 예수의 피가 부르짖는 소리를 들으시며 그 피가 우리를 위해 희생하고 얻은 것을 존중하실 것이다. 우리는 자신에게 필요한 모든 그리스도의 대속의 축복들을 얻을 수 있다.

이것은 미시간주 디트로이트에 살면서 전도하는 철도원인 내 친구 루디 피터슨이 나에게 가르쳐준 진리이다. 루디는 바하마 군도에 있는 선교국에 전도하러 갔었다. 그가 그곳에 가기 전에는 선교사들이 그곳에 들어가 머물면서 전도할 수 없었다. 왜냐하면 마귀의 선동을 받은 그 지역 주민들이 깡통을 두드리고 소리를 치면서 예배를 방해했기 때문이다. 선교국에 도착한 루디와 그의 친구는 선교관 주위를 돌면서 큰 소리로 예수의 피를 간구했다. 이렇게 여러 번 한 후에는 어려움을 겪지 않았다고 한다. 루디는 믿음으로 교회 주위에 예수의 핏줄을 설치했던 것이다. 이와 같이 우리도 예수의 피를 간구할 때에는 항상 구원을 기대할 수 있다.

애굽에서 종살이를 하던 이스라엘 사람들은 어린 양의 피를 뿌렸으며 그것이 구원을 가져왔다!

라합은 핏줄을 상징하는 표시를 사용했으며, 그것이 구원을 가져왔다!

구약 시대의 대제사장들은 피를 뿌렸으며, 이것이 용서를 가져왔다.

예수는 자기의 피를 뿌림으로서 온 인류의 구원을 사셨다!

대제사장이신 예수의 자녀인 우리는 이제 용서와 구원과 대속과 병 나음과 보호와 승리를 얻기 위해 예수의 피를 뿌릴 수 있다!

피 뿌림은 오직 구약 시대의 성도들만을 위한 것이라고 생각히지 않게 하기 위해서, 그리고 예수께서 우리를 대신하여 자신의 보배로운 피를 뿌리셨을 때에 그 관습이 폐지되었다고 생각하지 않도록 하기 위해서, 출애굽기 12:24에 기록된 하나님의 명령을 기억하기를 바란다.

"너희는 이 일(피 뿌림)을 규례로 삼아 너희와 너희 자손이 영영히 지킬 것이니"

만일 오늘 예수의 피를 뿌려야 한다면, 그 일은 신약 시대의 제사장들이 행해야 하며, 만일 우리가 하나님의 아들을 믿고 있다면, 그 제사장은 바로 우리들이다.

제8장

예수의 피의 사용법

몇 년 전의 일이다. 어느 어두운 밤에 나는 자동차를 타려고 차고로 갔다. 차고에는 전등이 없었는데다가, 나는 누군가가 한 쪽 벽에 못을 박아 놓았다는 것을 깜박 잊고 있었다. 나는 급히 자동차가 있는 곳으로 가다가 그만 못에 이마를 찔리고 말았다. 내 이마에는 큰 상처가 났다. 나는 즉시 예수의 피를 간구하기 시작했는데 30분이 지난 후 내 이마에는 다친 흔적 조차 남지 않았다. 이처럼 주님의 피를 근거로 간구하는 것은 지극히 실질적인 일이다.

이 문제와 관련하여 내게 제기된 질문들은 대체로 사단이 통제를 받고 있을지도 모르는 상황에 예수의 피를 실질적인 형태로 적용하는 방법과 관계가 있다. 중요한 문제는 신학적인 관념에 관한 것이라기보다 실질적인 용법에 관한 것이다. 신학은 과거에 예수께서 세상 죄를 대신하여 자기의 피를 흘리셨다는 것, 그리고 그것에 대해 할 수 있는 이야기는 그것 뿐이라는 것을 가르친다. 이것을 현재 당면하고 있는 하나의 유효한 현실이 아니라 하나의 역사적인 사실이 되게 하는 데 위험이 도사리고 있다.

그러므로 예수의 피를 사용하는 법에 대해 이야기해 보기로 하자. 자연계에서 전염병이 돌지 않도록 소독약을 사용하는 방법을 이해하기는 어렵지 않다. 소독약을 가져다가 감염된 곳에 뿌리면 그곳에 있는 모든 세균과 유기체들이 죽을 것이다.

우리는 영적으로도 동일한 일을 행해야 한다. 우리는 사단이 활동하는 모든 곳에 유일한 해독제, 즉 예수의 피를 사용해야 한다. 피가 아닌 대용품은 있을 수 없다. 기도과 찬송과 예배와 헌신 등은 모두 우리가 하나님께 나아가는데 있어서 맡은 역할이 있다. 그러나 부패를 막는데 효력이 있는 유일한 중화제는 예수의 피이다.

이런 까닭에 사단은 항상 교회들로부터 예수의 피를 제거하려고 노력하고 있다. 만일 소독약이 없다면 그의 악마들은 우리의 영과 혼과 몸 안에서 치명적인 멸망의 사역을 거리낌 없이 계속할 것이다.

예수의 피가 우리의 유일한 치료약이라고 결론을 짓는다면, 우리는 그것을 어떻게 얻으며 어떻게 사용해야 하는가? 구약을 보면 제사장은 우슬초 묶음을 피에 담구었다가 그것으로 이스라엘 집의 인방과 좌우 설주에 발랐다. 그러나 영적 영역에서는 우리는 믿음으로 예수의 피를 취한 후에 그것을 말하는데, 그것은 중보 기도의 형태이다. 우리가 예수의 피를 간구할 때마다 우리는 중보라는 열매를 맺을 수 있는 유일한 탄원을 한다.

그것을 다음과 같이 생각해 보라. 믿음으로 말한 "예수의 피"라는 단어는 우리가 기도하는 중에 다루어야 하는 악하고 부패한 상황 위에 튄 한 방울의 핏방울로 비유할 수 있다. 물론 쓰레기통 바닥에서

썩고 있는 것들에게 소독약단 한 방울만 뿌리는 사람은 없을 것이다. 그와 같이 우리가 예수의 피를 많이 간구할수록 우리는 더 큰 능력으로 이 악한 상황을 견딜 수 있게 된다.

그러나 기계적으로 기도를 되풀이해서는 안된다. 믿지 않는 사람이 기계적으로 공허하게 반복하는 것은 효험이 없고 어리석은 짓이다. 그러나 믿음으로 예수의 피를 간구하는 하나님의 자녀는 놀라운 결과를 얻는다. 신령한 마음을 가진 사람이 볼 때 이 모든 접근법은 너무나 간단하고 명백한 것이므로, 우리는 종종 많은 사람들이 그것을 깨닫지 못하는 것을 보고 놀란다.

구약시대에 제사장들은 짐승을 잡아 물질적인 제사를 드렸다. 짐승의 살은 불로 태웠지만 피는 그릇에 담았다가 제단에 바르는데 사용했다. 베드로는 말하기를, 신약 시대에는 우리가 제사장으로서, 예수 그리스도로 말미암아 하나님께서 기뻐 받으실 영적 제사를 드린다고 했다(베드로전서 2:5). 영적 제사란 구약 시대의 물질적 제사의 대응물이다. 신약 시대의 제사장인 우리는 예수의 살아 있는 피를 취해야 하며, "예수의 피"라는 단어를 되풀이 말함으로써 주님 앞에서 그것을 우리의 입으로 뿌려야 한다. 그리하면 곧 우리는 사단의 사역을 제어하며 그의 악한 작업장을 폐기하기 시작한다.

아벨의 피는 복수를 말했다. 그러나 예수의 피는 사단에게 묶인 모든 자들의 화평과 용서와 화해를 말한다. 우리는 "예수의 피"라는 말을 할 때, 그 피는 능력과 성령과 예수 안에 있는 생명을 지니고 있다는 것을 기억해야 한다. 인간의 피가 그의 생명을 운반하듯이, 예수의 피는 하나님의 아들의 생명을 운반한다. 우리가 믿음으로 "예수의 피"라는 말을 할 때마다 우리는 사단의 파괴하는 세력을 억압하기 위해 우주의 창조적인 생명력을 가져오고 있는 것이다.

나는 예수의 피가 항상 당신에게 유익을 주지는 않으며, 따라서 피의 보호를 받으려면 항상 예수의 피를 간구해야 한다고 주장하려는 의도는 추호도 없다.

언젠가 내 수업이 끝난후 어느 청년이 아내에게 다가와 진지하게 묻기를, "사모님, 당신은 우리가 얼마나 자주 예수의 피를 간구해야 한다고 생각하십니까? 삼십 분마다 한번씩 간구해야 합니까?"라고 물었다. 후일 아내는 그 청년이 초시계를 가지고 서서 "됐다. 지금은 내가 예수의 피를 간구해야할 시간이다"라고 말하는 것을 볼 수 있었다고 말했다. 물론 그러한 생각은 어리석은 생각이다.

우리가 제시하려는 요점은 당신이 사단의 공격을 받고 있거나 특별한 보호를 필요하다는 것을 의식하는 상황에 있을 때가 바로 예수의 피를 간구해야할 때라는 것이다. 그렇게 행함으로써 당신은 당신이 하나님의 자비를 의뢰하고 있다는 것을 하나님에게 상기시키며, 당신이 예수의 피 아래 있는한 사단이 당신을 건드릴 수 없다는 것을 사단에게 상기시키며. 그리스도 안에 있는 확신이라는 근거를 당신 자신에게 상기시킨다.

예수의 피의 공로로 간구하는 것은 많은 영적 현상의 정당성을 시험하는 좋은 방법이 되기도 한다. 우리는 가끔 "만일 사단이 우리의 입을 통해 말할 수 있다면, 내 입이 하나님에게 속했다는 것은 어떻게 알 수 있는가?"라는 질문을 받는다. 이것은 중요하며 타당한 질문이다. 앞에서 우리는 어느 정도 사단에게 얽매여 있는 사람은 예수의 피를 들고 나아가 간구하는 것을 어렵게 느끼며 그렇게 하지 못한다는 말을 했었다. 악마의 말을 하는 사람은 예수의 피를 들고 나아가 간구하지 못할 것이다.

그러므로 이것은 당신이 하는 방언의 실체를 시험하는 좋은 방법이 된다.

우리는 성령 세례와 아울러 그 증거로 방언을 받으려는 사람들에게 믿음을 가지고 큰 소리로 예수의 피를 간구하라고 가르친다. 그들은 처음 시작할 때에는 주저할지 모르나 하나님의 성령이 그들에게 임하고 내면을 정결케 하는 역사가 효력을 발휘함에 따라 그들은 믿음 안에서 이 일을 즐기기 시작하며, 또 "예수의 피"라는 단어를 담대하게 말하기 시작한다.

일반적으로 성령 세례를 구하는 사람들은 보혈에 대한 외침의 응답으로 성령의 부음을 받기 때문에 알지도 못하는 방언을 하기 시작한다. 이런 경우에, 그들의 방언은 참된 성령의 현시라고 확신할 수 있다.

그러나 어떤 사람들은 하나님의 뜻을 위해 자기의 뜻을 버리기를 주저하며 어렵게 여긴다. 그들은 변덕스러우며 두려워하며 조심스럽게 하나님께 접근한다. 또 그들은 자신이 회심할 때에 이미 성령 충만을 받았다는 가르침을 받았을 수도 있는데, 이런 가르침은 많은 사람들을 넘어지게 하는 걸림돌이 될 수도 있다.

우리는 방언을 하는 것은 넘쳐 흐르는 충만함의 증거이지 정체된 충만의 증거가 아니라는 것을 항상 명심해야 한다. 우리는 이 두가지 상이한 경험들에 대해 혼동할 가능성이 있다, 세례 요한은 오순절 전에 성령으로 충만했으며, 만일 그가 마가의 다락방에 있었다면 충만함이 넘쳐 흘렀을 것이다. 마찬가지로 동정녀 마리아는 성령이 넘치도록 충만하였으며 하나님을 찬미하는 방언이 그녀의 입에서 분출했다.

두려움과 의심이 가득하여 주저하는 사람들을 돕는 것은 다소 어려운 일이다. 그러나 경험으로 보건대 만일 우리가 그들로 하여금 예수의 피를 간절히 구하게 만들 수 있다면 큰 발전을 할 수 있다. 그들은 보통 처음에는 조용히 속삭이는 듯한 소리로 시작하는데, 우리는 그들을 격려하여 더욱 확고하게, 그리고 보다 거룩한 자기 포기로 나아가게 해주어야 한다.

그렇게 하게 되면 그들의 두려움은 점차 사라지기 시작하며, 이따금 예수의 피를 간구하는 말 속에 새로운 낱말들이 뒤섞여 나오게 된다. 때때로 그들은 처음 상태로 돌아가서 "나는 할 수가 없다"라고 말할 것인데, 그것은 예수의 피를 간구함에 의해 자극을 받은 두려움의 영이 내뱉는 표현이다. 그러나 우리는 그들에게 예수의 피를 다시 간구하라고 강권해야 한다. 의심과 두려움이 쫓겨나감에 따라 그 일을 쉽게 할 수 있게 되며, 곧 그들은 방언을 하게 되어 스스로 크게 놀라고 기뻐한다.

이런 방법으로 성령 세례를 받는 것이 대단히 효과적이라는 것은 쉽사리 알 수 있을 것이다. 실제로 나는 여러 해 동안 목회를 하면서 그 방법이 실패하는 것을 거의 보지 못했다. 다른 방법에 의해 성령 세례를 받지 못해 상습적으로 성령 세례를 구하는 사람들도 예수의 피를 간구함에 의해서 신속하게 세례를 받았다. 여러 나라에서 사람들이 기도로서 성령 세례를 요청했을 때, 나는 그들에게 "예수의 피"라는 말을 되풀이하여 말하라고 가르쳐 주었으며, 곧 그들은 방언을 말하기 시작했다. 보통 그럴 때 나는 다른 일군을 불러 그들이 방언을 멈추지 않도록 하기 위해 그들과 함께 하나님을 찬양하게 한다. 그들은 이제 다른 영적 차원에 들어가고 있다. 그것은 참으로 기이한 일이다. 이 시점에서 그들이 의심하지 않는다는 것이 중요하다. 그 다음에 나는 차례를 기다리고 있는 다음 사람에게로 가서 똑 같은 일을 되풀이한다.

성령 세례를 받을 사람이 많은 곳에서는 그들에게 예수의 피를 간구하는 것의 중요성에 대해 약간 가르쳐 주는 것이 대단히 효과적이다. 우리가 실제로 예수의 피로 간구하기 시작했을 때, 20명 이상의 사람들이 함께 기도했다. 곧 성령께서는 각 사람 안에 충만히 들어가셨으며, 그들은 방언을 하기 시작했다. 우리가 믿음으로 예수의 피를 말할 때에 그 피는 큰 능력을 발휘한다.

우리 자녀들이 어렸을 때에 할키거나 불에 데어 화상을 입었을 때에 우리는 예수의 피로 간구했었다. 어느 날 부엌에서 엄마와 함께 있던 어린 스테픈이 심한 화상을 입었다. 그 날은 날씨가 몹시 추웠기 때문에 우리는 여분의 열로 집 안을 따뜻하게 하려고 오븐 뚜껑을 열어 두었었다. 스테픈은 뒷걸음질을 치다가 우연히 오븐 뚜껑에 닿았는데, 그 뚜껑이 돕시 뜨거웠기 때문에 종아리를 덴 것이다. 올리브와 나는 즉시 예수의 피를 간구하기 시작했다. 나는 "괜찮을 거야. 주님의 피가 능력을 잃은 일은 한 번도 없었으니까."라고 말했다.

그 날 밤 잠자리에 들기 전 나는 "스테픈, 다리의 상처는 어떠냐?"라고 물어 보았다. 올리브와 나는 아이의 다리를 살펴 보았다. 그런데 그의 다리에는 데었던 흔적도 남아 있지 않았다.

하나님의 말씀은 "내가 피를 볼 때에 너희를 넘어가리니 재앙이 너희에게 내려 멸하지 아니하리라"고 가르치신다(출애굽기 12:13). 바울은 예수께서 우리의 유월절이 되신다고 말한다(고린도전서 5:7). 예수는 자기의 보배로운 피를 흘리심으로써 우리의 유월절이 되셨다. 신자들에게 있어서 이것을 믿는 것보다 더 보배로운 일은 없다.

제9장

예수의 피로 말미암는 보호하심

앞에서 설명한 바 있지만 "구속"이라는 단어는 "덮개"를 의미한다. 우리는 아무 것도 통과 시키지 않고 우리를 원수에게서 안전하게 보호해 주는 덮개 밑에서 보호받고 있다.

이것이 바로 요한이 자기의 서신에서 "악한 자가 저를 만지지도 못하느니라"라고 말한 이유이다(요한1서 5:18). 그런데 신자가 이러한 보호하심을 받기 위해 갖추어야 하는 조건은 스스로를 지켜야 한다는 것이다. 이것은 기본적으로 예수의 피 아래서 자신을 지켜야 한다는 것을 의미한다. 고백하지 않은 죄는 결코 예수의 피 아래 있을 수 없다. 그것을 자백하고 버릴 때 우리는 예수의 피로 덮여 보호를 받는다.

나는 이 책을 읽고서 소리를 내어 예수의 피로 간구할 때에 발생한 장엄한 구원에 대해 이야기하는 편지들을 세계 각지로 부터 받았다. 물론 우리는 마귀와 악마들을 대적하여 예수의 피로 간구할 뿐만 아니라, 예수의 이름으로 사단에게 그가 잡은 것을 놓으라고 명령한다. 실제로 예수의 피로 간구하는 것은 예수의 이름으로 하는 명령과 병

행하여 이루어져야 한다. 특히 우리는 다른 사람들을 위해 일할 때에 이것을 지켜야 한다. 우리가 돌보고 있는 사람이 무서운 속박에서 해방되고 있는 동안 사단의 공격에서 우리 자신을 안전하게 지키기 위해 우리는 예수의 피로 간구해야 한다.

인간을 공격하는 사단을 대적하며 예수의 피의 능력을 통하여 다른 사람들을 섬기는 사람들은 많은 증언을 할 수 있다. 우리의 경험에 의하면, 심지어 많은 기독교인들까지도 악마들에게 매여 억압을 받고 있다. 실제로 오늘날 불신자들보다는 오히려 기독교 신자들이 구원을 요청하고 있다.

1971년 겨울, 나는 열 네 명의 청년들과 함께 온타리오에 있는 심코 호수로 스케이트를 타러 갔었다. 나는 스테이숀 웨곤을 타고 갔는데, 차의 앞 바퀴 타이어가 거의 다 닳았었다. 돌아올 때에 얼음이 언 길에서 자동차의 앞 바퀴가 미끌어져 눈 더미 속에 박혔다. 자동차가 도로에서 벗어났기 때문에 나는 큰 소리로 예수의 피를 간구했는데, 자동차는 전봇대에서 약 18인치 떨어진 곳에 있는 눈 더미 속에서 박혀 있었다. 만일 우리가 그 전봇대를 박았으면 어떻게 되었을지 상상해보라!

예수의 피가 우리를 구해 주신 것이다! 얼마 후 트럭이 우리 차를 끌어내 주었고, 우리는 즐거운 마음으로 계속 차를 몰고 갔다.

그 당시 우리는 알지 못했지만, 내 아내는 고속도로에서 우리보다 앞서 가고 있었는데 그 길도 역시 빙판길이었다. 갑자기 그녀의 차가 미끌어져 완전히 한 바퀴를 돌았다. 아내는 큰 소리로 예수의 피를 간구했는데, 자동차는 도로 반대편에 있는 눈더미 앞에서 멈추었다. 이 눈더미의 반대편은 20피트나 되는 비탈이었다. 역시 예수의 피가 그녀를 구해 주신 것이다. 사단은 우리 부부를 공격하려 했지만 우리는 예수의 피를 사용함으로써 그를 대적한 것이다.

사단이 육체적으로나 감정적으로 당신을 공격한다는 것을 깨달을 때에는 즉시 예수의 피로 간구하라. 예수의 피로 자신을 덮는 사람들에게는 우울한 날이 기쁨의 날로 변할 것이다. 그러므로 당신은 그 피를 사용해야 한다; 믿음으로 그 피를 뿌려야 한다.

이라조나주 피닉스에 사는 어느 목사는 아주 특이한 증언을 했다. 어느 날 그는 예수의 피를 자기의 수표책에 뿌리기로 작정하고 기도했는데 얼마 후에 그의 봉급이 올랐다. 그가 알고 있는 여신자도 역시 같은 일을 했는데, 그녀도 예상치도 않았던 보너스를 현금으로 받았다. 세속적인 교인들은 그런 증언들을 비웃을 것이다. 그러나 세속적인 기독교인들은 결코 사단의 속박을 대적하여 싸움을 벌이지 않을 것이며, 봉급이나 재산 문제에 있어서는 더욱 그러할 것이다.

몇년 전 영국에서 있었던 일이다. 어느 형제가 자동차의 시동이 걸려고 해도 시동이 걸리지 않았다. 그는 자동차에 대해서는 아무 것도 알지 못했기 때문에 예수의 피로 간구했더니 시동이 걸렸다. 당신 자신이나 가족들 앞에 난관들이 쌓이는 것을 발견할 때에는 그저 예수의 피로 간구하기 시작하라. 그리고 사단의 계획들이 일소되는 것을 지켜 보아라. 그것은 확실한 불이다 !

1908년 1월 말, 예수의 피를 간구함으로써 스코틀랜드의 킬시드에 있는 웨스트포트 교회당에 자발적으로 성령이 임하셨다. 존 레이드라는 형제는 기도하는 사람들의 가운데 앉아 있었는데, 갑자기 손을 쳐들고 "피, 피, 피"라고 하며 예수의 피를 간구하기 시작했다. 즉시 성령이 그 곳에 모인 사람들에게 임했으며, 13명의 청년들이 무릎을 꿇고 방언을 하기 시작했다. 그러한 성령 세례를 초래한 것은 예수의 피로 간구했기 때문이었다.

거의 같은 무렵에 우드워드 에터 여사가 로스앤젤레스와 시카고에서 큰 집회를 개최하그 있었다. 그녀는 두 팔을 높이 들고는 "나는 여러분에게 예수의 피를 뿌린다"라고 말하면서 실제로 피를 뿌리는 듯한 몸짓을 하곤 했다. 사람들은 강단 앞으로 달려 나왔으며, 많은 사람들은 엎드려 방언을 하고 병 나음을 얻기도 했다.

초대 시대에 오순절 성령이 부어졌을 때에 예수의 피로 간구하는 것은 일반에게 인정돈 성령의 계시였다. 그러나 다른 많은 신적 계시와 마찬가지로 인간의 조직이 성령의 초자연적인 사역들을 대신하게 되면서 그것은 상실되었다. 그러나 오늘날 이 메시지가 전파되는 모든 곳에서는 그것을 기쁨으로 받아들인다. 그리고 예수의 피가 사용될 때, 그 피는 놀라운 결과들을 가져온다. 진실로 우리는 피로 말미암은 승리자이다(요한계시록 12:11).

초기 스코들랜드의 선구자 중 한사람인 앤드류 멀독 목사는 1908년 초에 성령세례를 받았다. 그의 아내는 침실에서 예수의 피가 폭포처럼 흐르는 환상을 보고 크게 놀랐다. 그녀는 "피, 피, 피"라고 외치며 남편을 불렀다. 남편은 이 환상이 하나님이 주신 것이라고 그녀에게 확언했다. 그 날 그녀는 성령 세례를 받고 방언을 하기 시작했다. 한 동안 그녀는 환상 속에서 계속 피의 폭포를 보았는데, 그것은 그녀로 하여금 갈보리에서부터 흘러나와 죄와 모든 더러운 것을 씻어 주는 강력한 샘을 생각하게 했다. 성령께서는 하나님의 백성들이 각성하여 예수의 피의 실체 및 그 피와 성령 세례와의 절대적인 관계를 깨닫게 하기 위해 이러한 초자연적인 체험을 하게 하셨다.

1908년 2월, 윌리암 맥크레아라는 사람이 킬시드에 있는 자기 집에서 기도하고 있었다. 그는 하나님의 계시로 말미암아 글래스고우에서 두 사람이 교회의 예배를 감독할 목적으로 오고 있다는 것을 알았다. 이 두 형제는 성령 세례를 받지 못한 사람들이었다. 성령께서는 그들이 강단에 올라가지 못하게 막아야 한다고 말씀하셨다. 그러나 이 일을 실행하는 것은 쉽지가 않았으므로 그 사람들은 예배를 감독하게 되었다.

맥크레아는 장로들과 집사들을 뒷방에 모아 놓고는 그들에게 예수의 피로 간구하라고 요청했다. 그들이 그의 말대로 기도하고 있는 동안 주님께서는 예배실에서 일어나고 있는 모든 일을 계시하셨다. 글래스고우에서 온 형제들 중 한 사람이 일어나 찬송을 불렀다. 그러나 성령께서는 기도하고 있는 사람들에게 그가 단지 목소리를 과시하고 있을 뿐임을 드러내 주셨다. 장로들과 집사들은 계속 예수의 피로 간구했으며, 주님이 그 예배에서 역사하시리라고 믿었다. 며칠 후 두 사람은 성령 세례를 받았으며, 같은 날 43명이 예수의 피로 간구함에 의해서 성령 세례를 받았다. 이리하여 1908년 초에 성령의 부음이 시작되었다.

  이 때에 몇 명의 미국인들이 킬시드를 여행하던 중 성령 세례를 받았다. 이 사람들은 그 전에 여러 차례 안수 기도를 받았었지만 아무 일도 일어나지 않았었다. 그러나 그들이 스코틀랜드에 도착하여 예수의 피로 간구하기 시작했을 때, 곧 모두 성령을 받았다. 요한이 성령과 피가 일치한다고 한 것은 지극히 당연한 말이다.

  나는 1939년에 처음으로 내가 성령 세례를 구하기 시작했던 일을 잘 기억하고 있다. 나의 어머니와 외갓집의 친족들은 강신술(降神術)에 깊이 관여하고 있었는데, 이것은 우리 가족들 모두에게 영향을 미쳤으며, 이 일로 인해 우리 가정에는 많은 불행한 일들이 일어났다. 그러나 어머니는 그 원인을 알지 못했다. 지금 생각해 보니 그 당시 나는 나 자신이 생각하고 있는 것보다 더 많이 강신술에 오염되어 있었다. 영적 불결함이 신속하게 퍼지고 있었는데 예수의 피만이 그것을 깨끗이 씻을 수 있었다. 그러나 나는 자신이 이처럼 오염되어 있음을 알지 못했고, 다만 나에게 성령 세례가 필요하다는 것만 알고 있었다.

  나는 내가 의자 옆에 꿇어 앉아 기도하기 시작했던 일을 분명히 기억한다. 나는 계속 기도했지만 한번도 예수의 피로 간구하지는 않았다. 나에게는 구원이 필요했는데 나는 그 사실을 알지 못하고 있었던 것이다.

  다른 사람들은 큰 소리로 예수의 피를 간구하고 있었다. 갑자기 나는 놀라운 체험을 했다. 내 몸이 조금씩 굳어지더니 나는 나무 토막

처럼 완전히 뻣뻣해져서 쓰러졌다. 잠시 후 뻣뻣해졌던 몸이 풀렸으므로 나는 몹시 부끄럽게 여기며 일어섰다. 나는 내 안에 악령이 있다는 것을 깨닫지도 못했었는데, 그 악령이 내게서 떠난 것이다! 물론 그것은 내가 12살 때에 이모와 외삼촌들과 함께 있으면서 손을 테이블에 놓으면 테이블이 움직이는 심령 현상을 체험했을 때에 나에게 들어왔던 것이다. 삼촌과 이모는 그것을 재미있는 실내 오락이라고 생각하고 있었다. 많은 사람들은 이것을 점괘를 돌리는 부적판이라고 생각하지만, 이것은 대단히 위험한 것이다.

일 주일 후 나는 더욱 성령 세례를 갈망했으므로 쉽게 무릎을 꿇었다. 이번에는 열심으로 예수의 피를 간구했다. 곧 나는 방언을 하기 시작했으며 그로부터 오늘에 이르기까지 방언을 해오고 있다.

나는 적극적으로, 큰 소리로 예수의 피를 간구하는 기도가 응답을 받지 못한 것을 본 적이 없다. 나는 자동차나 비행기로 여행을 많이 하는데, 제 시간에 목적지에 도착하지 못해서 주님과의 약속을 지키지 못한 일은 한 번도 없었다. 나는 자동차나 비행기를 예수의 피로 덮는다. 사람이 기도로써 음식을 축복하듯이, 우리는 예수의 피로 간구함으로써 우리가 타고 가는 교통 수단들을 보호한다.

금 세기 초 성령이 부어졌을 때에, 캘리포니아에 사는 누줌 여사는 집회에서 참석자들에게 말하기를, 그들의 사랑하는 자, 자녀들, 그리고 하나님께서 그들에게 주신 모든 것들 위에 예수의 피를 뿌리라고 가르치곤 했다. 이스라엘 자녀들은 실제로 자기의 집에 피를 뿌리지 않았는가? 사단의 세력과 세상의 어두움을 대적하여 믿음으로 예수의 피를 사용하는데 제한이 있는가? 만일 우리의 젊은 이들과 우리의 도시들을 정복하려고 노력하고 있는 악한 세력들을 대적하여 모든 기독교인들이 하나가 되어 예수의 피로 간구한다면, 그것은 좋은 일이 아니겠는가?

나는 교회가 예수의 피로 간구함을 통해서 보다 깊은 차원의 영적 전쟁을 발견해야 한다고 믿는다. 우리가 이 비밀을 깨닫는다면 큰 기적들이 일어날 수 있다. 예수의 피 속에는 이적을 일으키는 능력이 있다!